INVENTAIRE GÉNÉRAL

DES

ŒUVRES D'ART

APPARTENANT

A LA VILLE DE PARIS

PRÉFECTURE DU DÉPARTEMENT DE LA SEINE

DIRECTION DES TRAVAUX

INVENTAIRE GÉNÉRAL

DES

ŒUVRES D'ART

APPARTENANT

A LA VILLE DE PARIS

DRESSÉ PAR LE SERVICE DES BEAUX-ARTS

TOME PREMIER

ÉDIFICES CIVILS

PARIS
IMPRIMERIE CENTRALE DES CHEMINS DE FER
A. CHAIX ET Cie
RUE BERGÈRE, 20, PRÈS DU BOULEVARD MONTMARTRE
1877

FONTAINES PUBLIQUES

Ier ARRONDISSEMENT

Ier ARRONDISSEMENT

FONTAINE DES INNOCENTS

NOTICE HISTORIQUE.

Malgré plusieurs transformations qui sont venues successivement altérer sa disposition primitive, ce monument est encore l'une des plus gracieuses créations de l'art français au XVIe siècle. En 1550, Pierre Lescot [1] fut chargé, par le Prévôt des Marchands, de construire, à l'angle de la rue Saint-Denis et de la rue aux Fers, un édifice destiné à remplacer une ancienne fontaine qui existait au même endroit depuis l'année 1273. Cet habile architecte ne disposant que d'un espace restreint et enclavé sur deux de ses côtés par les constructions de l'église des Saints-Innocents et par des maisons particulières, établit son bâtiment en forme de loggia ouverte, composée de trois arcades, dont deux servant de façade principale sur la rue Saint-Denis et la troisième en retour sur la rue aux Fers. Ces arcades étaient surmontées d'une frise et d'un fronton que supportaient des pilastres d'ordre corinthien. La frise, les clés de voûte ainsi que les archivoltes, l'espace compris entre les pilastres et le soubassement, étaient décorés de bas-reliefs dus au ciseau de Jean Goujon, et dont les principaux représentent des nymphes. Cette construction devint très-populaire, sous le nom de fontaine des Innocents, bien qu'elle fût consacrée aux nymphes, d'après l'inscription : *fontium Nymphis*, qui y avait été mise lors de la dédicace.

En 1786, date de la suppression de l'église et du cimetière des Saints-Innocents, on résolut de conserver cet édifice, en considération de son mérite artistique, et de le réédifier au milieu du marché des Innocents. Cette translation amena un changement total dans la disposition du monument, auquel on donna la forme d'un pavillon carré et composé de quatre arcades ouvertes d'égale dimension. Pajou fut chargé de sculpter une quatrième face, pour compléter cet ensemble, et il sut s'inspirer, pour l'exécution de ce travail, du style de son modèle Jean Goujon. Au milieu de ce pavillon était disposée une vasque d'où l'eau jaillissait pour retomber dans des bassins superposés et servant de base à l'édifice entier. Cette dernière modification eut pour conséquence de faire supprimer les bas-reliefs du soubassement qui n'eussent pu résister à l'action de l'eau. Ces bas-reliefs sont maintenant déposés au musée du Louvre. Le soin de démonter cette fontaine fut confié à l'ingénieur Six ; ce furent les architectes Poyet [2], Legrand [3] et Molinos [4] qui conçurent le plan nouveau de réédification et qui en dirigèrent l'exécution.

---

[1] Pierre Lescot, architecte, né à Paris en 1510. — Mort en 1571.

[2] Bernard Poyet, architecte, né à Dijon en 1742 ; — élève de de Vailly ; — grand prix d'architecture. — Membre de l'Académie des beaux-arts. — Mort en 1824.

[3] Charles-Guillaume Legrand, architecte, né à Paris en 1743 ; — élève de Clérisseau. — Mort en 1807.

[4] Molinos, architecte de la Ville de Paris.

Le marché des Innocents fut supprimé en 1856, et son emplacement converti en jardin public, dont la fontaine occupe le centre. Ces changements amenèrent, en 1860, une nouvelle translation du monument, dont les bas-reliefs furent alors restaurés et silicatisés. Il affecte aujourd'hui la forme d'un édicule élevé sur plan carré, présentant en élévation quatre arcades, dont les tympans sont décorés de Renommées, avec pilastres accouplés aux angles. Ces pilastres, d'ordre corinthien, supportent un entablement avec frise ornée et un attique à fronton sur chaque face. Le tout est surmonté d'une petite coupole recouverte de feuilles de métal découpées en écailles.

L'ensemble repose sur un soubassement de disposition pyramidale établi dans un bassin circulaire au ras du sol, et portant sur chaque face six bassins superposés et arrondis, qui reçoivent l'eau d'une vasque en bronze placée entre les quatre arcades.

Cette dernière transformation de la fontaine est due à M. DAVIOUD[1]. Les sculptures ornementales complémentaires sont de MM. LHUILLIER, MÉZIÈRES et DANJOU.

ÉTAT DES TRAVAUX D'ART.

DATES DES COMMANDES	ARTISTES	SUJETS	DIMENSIONS	PRIX ALLOUÉS Travaux d'art	Travaux accessoires
1550	GOUJON (Jean), sculpteur, né à Paris, vers 1515. — Mort vers 1572.	*Bas-reliefs en pierre :* *Face Nord.* Sur les panneaux placés entre les pilastres d'angles: *Deux Naïades drapées* : la première, à droite, se présente de face, appuyant une rame sur une urne placée à ses pieds et tournant la tête à gauche; la seconde, à gauche, est vue de profil, presque de dos; elle soutient des deux mains une urne dont elle laisse s'échapper le contenu.	H. 2m,10	»	»
		Face Est. Sur les panneaux placés entre les pilastres d'angles : *Deux Naïades drapées* : la première, à droite, se présente de face, maintenant avec les deux mains une urne supportée par l'épaule droite; la seconde, à gauche, apparaît de trois quarts, presque de face, soutenant une urne appuyée sur le flanc droit.	Id.	»	»

[1] Gabriel-François-Antoine DAVIOUD, architecte, né à Paris en 1824; — 2e grand prix de Rome en 1849; — ✻ en 1862.

ÉTAT DES TRAVAUX D'ART.

DATES DES COMMANDES	ARTISTES	SUJETS	DIMENSIONS	PRIX ALLOUÉS Travaux d'art	Travaux accessoires
1550	GOUJON (Jean), sculpteur, né à Paris, vers 1515. — Mort vers 1572. *(Suite.)*	***Bas-reliefs en pierre:*** *Face Ouest.* Sur le panneau de droite, entre les pilastres d'angles (à gauche): *Une Naïade drapée* à gauche, se présente de trois quarts, couronnée de roseaux, avec une urne sur l'épaule gauche.	H. 2m,10	»	»
		Face Est et face Nord. Dans l'acrotère surmontant l'arcade : *Jeunes Tritons* assis sur des conques marines et jouant avec des dauphins.	H. 0m,80 L. 3m,00	»	»
		Face Est et face Nord. De chaque côté des bas-reliefs ci-dessus : *Quatre écussons* fleurdelisés et surmontés d'une couronne.	H. 0m,80 L. 0m,50	»	»
		Face Est et face Nord. Tympans des arcades: *Quatre figures de Renommées*, deux à deux, séparées sur chacune des faces qu'elles décorent par la clef de l'arc et par un petit caisson sur lequel est sculpté un dauphin enroulé sur un caducée.	H. 1m,00	»	»
		Face Est et face Nord. Entre les stylobates des pilastres : *Quatre autres écussons* en forme d'urnes, et présentant les armes de la Ville.	H. 0m,80 L. 0m,40	»	»
		Face Est et face Nord. Au-dessus de chacune des Naïades, entre les pilastres d'angles : *Quatre tables en marbre* présentant l'inscription : FONTIUM NYMPHIS.	H. 0m,50 L. 0m,30	»	»

ÉTAT DES TRAVAUX D'ART.

DATES DES COMMANDES	ARTISTES	SUJETS	DIMENSIONS	PRIX ALLOUÉS Travaux d'art	Travaux accessoires
		Bas-reliefs en pierre:			
		Face Sud. Sur les panneaux, entre les pilastres d'angles: *Deux Naïades drapées*: la première, à droite, se présente de face, la tête de profil, appuyant avec les deux mains une rame sur une urne placée à ses pieds; la seconde, à gauche, vue de face, la tête de profil; elle soutient de la main droite une urne placée sur sa hanche; la main gauche maintient la draperie sur la poitrine.	H. 2m,00	»	»
		Face Ouest. Sur le panneau placé entre les pilastres d'angles (à gauche) : *Une Naïade drapée*, à droite, se présente de face, le bras droit replié sur la tête; la main gauche appuyée sur une rame.	H. 2m,00	»	»
1788	PAJOU (Augustin), sculpteur, né à Paris en 1730; — élève de Lemoine; — gd prix de sculpt. en 1748; — m. de l'Inst. 1760. — Mort en 1809.	*Face Sud et face Ouest.* Dans l'acrotère surmontant l'arcade : *Jeunes Tritons*.	H. 0m,80 L. 3m,00	»	»
1788		*Face Sud et face Ouest.* De chaque côté des bas-reliefs ci-dessus : *Quatre écussons* fleurdelisés et surmontés d'une couronne.	H. 0m,80 L. 0m,50	»	»
		Face Sud et face Ouest. Tympans des arcades: *Quatre figures de Renommées*, deux à deux, séparées sur chacune des faces qu'elles décorent par la clef de l'arc et par un petit caisson sur lequel est sculpté un dauphin enroulé sur un caducée.	H. 1m,00	»	»
		Face Sud et face Ouest. Entre les stylobates des pilastres : *Quatre autres écussons* en forme d'urnes, et présentant les armes de la Ville.	H. 0m,80 L. 0m,40	»	»
		Face Sud et face Ouest. Au-dessus de chacune des Naïades, entre les pilastres d'angles : *Quatre tables en marbre* présentant l'inscription : FONTIUM NYMPHIS.	H. 0m,50 L. 0m,30	»	»

FONTAINE DU CHATELET

OU DE LA VICTOIRE

NOTICE HISTORIQUE.

Cette fontaine, construite en 1806 sur la place du Châtelet, présente un fût de feuilles de palmiers placé au milieu d'un bassin circulaire et surmonté d'une statue de la Victoire en bronze doré.

Le long du fût, à intervalles égaux, des espèces de bagues rappellent, en lettres d'or, les victoires remportées en Égypte et en Italie. Quatre statues, qui représentent les Vertus cardinales, entourent la base du palmier en se tenant par la main.

Cette partie du monument repose sur un piédestal dont les faces sud et nord sont décorées de sculptures ornementales. Aux quatre angles sont adaptées des cornes d'abondance terminées à leur extrémité inférieure par des têtes de dauphins en bronze, d'où l'eau jaillit.

Les dessins de l'édifice sont de BRALLE [1]; les figures et les cornes d'abondance, de BOIZOT.

Après la transformation de la place du Châtelet, dont l'importance se trouvait augmentée par les nouvelles constructions formant ses abords (de 1855 à 1858), la fontaine, située comme elle l'était jadis, ne répondait plus à aucun axe de symétrie, soit des voies publiques, soit des bâtiments environnants. De plus, le bassin se trouvait enterré de près d'un mètre, par suite des remaniements que le sol avait subis. Ces circonstances nécessitèrent la translation du monument à $12^m,40$ de son ancien axe, ainsi qu'un exhaussement de $3^m,50$, qui fut réalisé au moyen de l'adjonction d'un soubassement occupant le centre de trois séries de bassins superposés, et flanqué de quatre sphinx engagés dans le dé de ce piédestal et projetant de l'eau dans le bassin inférieur.

Le déplacement et les modifications dont il vient d'être parlé ont été exécutés sous la direction de M. DAVIOUD [2] (à cette époque architecte en chef des Promenades et Plantations). La manœuvre de translation, commencée le 21 avril 1858 à 2 heures $^1/_2$, a duré vingt et une minutes. L'exhaussement, commencé à 7 heures du matin, le 19 mai de la même année, avec une équipe de cent trente-six hommes, a été achevé à 4 heures 37 minutes. La hauteur du monument, qui était de 18 mètres seulement, atteint actuellement 22 mètres environ. — Cette restauration a coûté 100,903 francs.

---

[1] BRALLE (François-Jean), ingénieur-architecte-hydraulicien, né à Paris en 1750. — Mort vers 1832.

[2] Voir p. 4.

ÉTAT DES TRAVAUX D'ART.

DATES DES COMMANDES	ARTISTES	SUJETS	DIMENSIONS	PRIX ALLOUÉS Travaux d'art	Travaux accessoires
1807	BOIZOT (Louis-Simon), sculpteur, né à Paris en 1743; — élève de Michel-Ange Slotz; — g[d] prix de sculp., 1762; — m. de l'Acad., 1778. — Mort en 1809.	*La Victoire distribuant des couronnes.* Statue en bronze doré, placée au sommet de la colonne.	H. 2^m,40	»	»
		La Prudence, la Tempérance, la Justice, la Force. Statues en pierre, placées aux quatre angles du soubassement, à la base de la colonne.	H. 2^m,40	»	»
		Cornes d'abondance terminées par des becs de dauphins en bronze, placées aux quatre angles du piédestal.	H. 1^m,70	»	»
		Deux Aigles aux ailes déployées dans des couronnes de laurier, sculptés sur les faces sud et nord du piédestal.	H. 1^m,60 L. 1^m,40	»	»
1857	JACQUEMART (Henri-Alfred), sculpteur, né à Paris; — élève de Paul Delaroche; — méd. de 3e cl., 1857; — rapp., 1863; — méd., 1865; — ✱, 1870.	Modèles de *Sphinx* en pierre placés sur les quatre faces du soubassement, et qui jettent de l'eau dans le bassin inférieur de la fontaine.	H. 1^m,84 L. 2^m,65	5.900	»
		TOTAL.	. . . .	5.900	»

FONTAINE MOLIÈRE

NOTICE HISTORIQUE

Elle a été commencée en 1841, au moyen d'une souscription publique, dont l'initiative avait été prise par M. RÉGNIER, artiste de la Comédie-Française. La direction des travaux fut confiée à VISCONTI [1], qui surmonta heureusement les difficultés qu'offrait l'emplacement mis à sa disposition. Le monument est adossé à un mur pignon placé à l'angle des rues de Richelieu et Fontaine-Molière. Il se compose d'un soubassement, au-dessus duquel s'élève un ordre corinthien de colonnes accouplées. Au milieu s'ouvre une niche circulaire portant sur sa clef une table de marbre avec la date de 1844 en chiffres romains. Les colonnes sont surmontées d'un entablement ressautant avec fronton circulaire, dont le tympan, orné de mascarons et de guirlandes, présente à son centre la figure assise d'un Génie tenant des couronnes. Les lignes des faces latérales viennent se raccorder à celles de la façade principale, au-devant de laquelle s'élève un piédestal en marbre blanc supportant la statue en bronze de Molière assis. Au-dessous et de chaque côté du piédestal sont disposées deux statues allégoriques en marbre qui tiennent chacune à la main une légende où se déroule la liste chronologique des ouvrages du grand poëte national.

Au bas de l'édifice, un bassin, à pans coupés, reçoit l'eau jaillissante par trois têtes de lion.

L'inscription suivante a été gravée sur le piédestal :

A

MOLIÈRE

NÉ A PARIS

LE XV JANVIER MDCXXII

MORT A PARIS

LE XVII FÉVRIER MDCLXXIII

—

Souscription nationale.

---

[1] VISCONTI, Louis-Tullius-Joachim, né à Rome en 1791 ; — élève de PERCIER ; — O. ✱, e membre de l'Institut, 1853. — Mort en 1853.

Le monument mesure 15 mètres de hauteur sur 5 mètres de largeur.

La dépense totale s'est élevée à 457,763 fr. 47 c.

ÉTAT DES TRAVAUX D'ART.

DATES DES COMMANDES	ARTISTES	SUJETS	DIMENSIONS	PRIX ALLOUÉS Travaux d'art	Travaux accessoires
1841	SEURRE (Bernard-Gabriel), sculpteur, né à Paris en 1795; — élève de Cartellier; — 1er gd prix, 1818; — ✻; — m. de l'Inst. 1852. — Mort en 1867.	*Molière*, statue assise en bronze, située au devant de la niche, dans l'entrecolonnement.	H. 2m,00	10.000	»
1841	ECK et DURAND, fondeurs.	Fonte de la figure ci-dessus.		»	18.000
1842	PRADIER (James), statuaire, né en 1792; — élève de Lemot; — prix de Rome, 1813; — gde méd. d'or, 1819 et 1848; — m. de l'Inst., 1827; — ✻, 1828; — O. ✻, 1834. — Mort, 1852.	*La Comédie légère* et *la Comédie sérieuse*, figures en marbre, debout de chaque côté du piédestal qui supporte la statue de Molière.	H. 2m,50	25.000	»
		Génie tenant des couronnes. — Figure en marbre, assise dans le tympan du fronton de la façade.	H. 1m,00	»	»
		TOTAL...........		35.000	18.000

FONTAINE DE DESAIX

NOTICE HISTORIQUE.

Ce monument, dont la dépense avait été couverte par une souscription publique, fut érigé, en 1802, sur la place Dauphine, à la mémoire du général DESAIX. Un concours public et une exposition des projets furent organisés à cette occasion, et l'architecte PERCIER [1], qui obtint le prix, fut chargé de diriger les travaux. Au centre d'un bassin circulaire en pierre s'élevait un soubassement, également circulaire, d'où l'eau jaillissait par quatre mascarons de bronze, et qui portait, gravés sur une plinthe en marbre, les noms des corps d'armée d'Egypte et d'Italie et ceux des souscripteurs du monument.

Ce soubassement était surmonté d'un fût cylindrique, un peu en retraite, autour duquel se déroulait un bas-relief comprenant un trophée d'armes modernes, la figure du Nil, celle de l'Eridan et deux renommées inscrivant dans des cartouches les noms des principales victoires remportées par le général Desaix (Thèbes et les Pyramides, Kehl et Marengo).

Sur la face principale, on lisait dans un autre cartouche : « A. DESAIX », et plus bas, les paroles mémorables qu'il prononça avant d'expirer : « Allez dire au premier Consul que je meurs avec le regret de n'avoir pas assez fait pour la postérité. »

Ce fût servait de piédestal au motif principal qui dominait la fontaine et se composait d'un socle quadrangulaire supportant, en forme de terme, un buste de DESAIX. Un jeune guerrier, la tête couverte d'un casque, couronnait d'une main le buste du héros, et de l'autre suspendait à son cou un glaive antique.

Les deux inscriptions suivantes étaient gravées sur les deux côtés principaux du premier soubassement :

1re inscription :

Landau, Kehl, Weissembourg,
Malte,
Chebreis, Embabé,
Les Pyramides,
Lediman, Lammahout, Kené,
Thèbes,
Marengo,
furent les témoins
de ses talents
et de son courage ;
Ses ennemis l'appelaient
le Juste ;
ses soldats, comme ceux de Bayard,
sans peur et sans reproche.
Il vécut,
Il mourut
pour sa patrie.

2e inscription :

L. CH. ANT. DESAIX,
né à Ayat, département du Puy-de-Dôme,
le 17 août 1768 ;
Mort à Marengo
le 25 prairial an VII de la République.
Ce monument lui fut élevé
par des amis
De sa gloire et de sa vertu,
Sous le Consulat de Bonaparte,
l'an X de la République.

[1] PERCIER (Charles), né à Paris en 1744 ; — membre de l'Institut ; — O., ✻. — Mort en 1838.

L'Administration municipale a fait démolir, en 1875, cette fontaine, lors des travaux de régularisation de la place Dauphine, et l'emplacement sur lequel elle doit être réédifiée n'a pas encore été désigné.

Les travaux de déplacement de ce monument ont permis de retrouver dans ses fondations une plaque commémorative, en cuivre, portant sur l'une de ses faces une inscription dont voici la reproduction exacte :

HOMMAGE LIBRE ET VOLONT-
AIRE DE D C. FRANÇAIS EN
MÉMOIRE DES SERVICES RE-
NDUS PAR DESAIX A SA PA
TRIE ET DES EXEMPLES
DE VERTUS QU'IL A DONNÉS

CH PERCIER ARCHITECTE
AUG. FORTIN SCULPTEUR.

LA PREMIERE PIERRE A
ÉTÉ POSÉE LE XXV FRUCT-
IDOR AN IX DE LA RÉP. XII
SEPT. MDCCCI AU NOM DE
L'ASSEMBLÉE GÉNÉRALE DES
SOUSCRIPTEURS
PAR
EMNI PASTORET PRESID.

Durand	Espercieu
Bélanger	Delessert
Duquesnoy	Mortier
Peregaux	Dufourny
Lebrun	Détournelle
Liancourt	Mathieu

Sur l'autre face est gravée l'inscription suivante :

Cent vingt huit dessins de monument en l'honneur de Desaix furent exposés publiquement par des architectes et des sculpteurs français : après celui couronné de Charles Percier qui fut choisi pour l'exécution, le second prix de 500 francs fut donné à Barthelemi Vignon; le troisième, de 300, à Grandjean et Famin.

Furent mentionnés honorablement : Hurtaux, Guignet et Robit, Labadie, Espercieu, Hibou, Bury et Le Dru.

Percier a choisi pour la construction Augustin Beudot, et pour la sculpture, Augustin Fortin.

ETAT DES TRAVAUX D'ART.

DATES DES COMMANDES	ARTISTES	SUJETS	DIMENSIONS	PRIX ALLOUÉS Travaux d'art	Travaux accessoires
1802	FORTIN (Auguste-Félix), statuaire et peintre, élève de Lecomte; — g^d prix de sculpture en 1793; — membre de l'Académie royale en 1789. — Mort en 1832.	Jeune guerrier, la tête couverte d'un casque, couronnant de lauriers le buste du général Desaix; motif principal qui dominait le piédestal de la fontaine.	H. 2^{m}.80	»	»
		Bas-reliefs représentant un trophée d'armes, la figure du Nil, celle de l'Eridan et deux renommées inscrivant les victoires de Desaix dans des cartouches, autour de ce piédestal.	H.d.bas-reliefs 1^{m}.70	»	»

FONTAINE DU MARCHÉ SAINT-HONORÉ

NOTICE HISTORIQUE.

Cette fontaine, construite en 1812, est adossée à un petit bâtiment en rotonde, situé entre deux pavillons du marché Saint-Honoré. Elle se compose d'un bassin recevant trois jets d'eau sortant de mascarons ornant une vasque enclavée dans une niche circulaire. Au-dessus se trouve une seconde vasque plus petite, d'où l'eau s'échappe en cascades.

FONTAINES DU THÉATRE-FRANÇAIS

NOTICE HISTORIQUE.

Les fontaines du Théâtre-Français, exécutées d'après le même modèle et situées sur la place du Théâtre-Français, se composent chacune de deux bassins circulaires et superposés, en pierre dure; au milieu du second bassin orné de moulures, s'élève un socle concentrique, entouré de quatre figures d'enfants assis, en bronze, reliées par des guirlandes de fleurs en même métal. Ce socle soutient une vasque également en bronze, surmontée d'un piédouche en marbre blanc orné de pilastres formant pans sur le fût circulaire, et décorés de médaillons aux armes de la Ville. Une sorte de chapiteau très-évasé, orné de consoles, couronne ce fût et supporte une figure de nymphe en bronze. A la base du piédouche et sur les consoles du chapiteau, des têtes d'animaux projettent, dans la vasque, l'eau qui retombe en nappes dans les bassins inférieurs.

Ces deux fontaines, commencées en 1872, ont été terminées en 1874, sous la direction de M. DAVIOUD [1], auteur des projets. La dépense s'est élevée à 214,607 fr. 78 c.

---

[1] [illegible] page 4.

ÉTAT DES TRAVAUX D'ART.

DATES DES COMMANDES	ARTISTES	SUJETS	DIMENSIONS	PRIX ALLOUÉS Travaux d'art	Travaux accessoires
1874	CARRIER - BELLEUSE (Albert-Ernest), né à Anizy-le-Château (Aisne); — élève de David d'Angers; — méd. 3e cl., 1861; — rapp., 1863; — méd., 1866; — méd. d'honneur, 1867; — ✻, 1867; — H. C.	*Nymphe maritime*, appuyée sur une rame et posant le pied sur une urne. Figure dominant la fontaine la plus éloignée du Théâtre-Français.	H. 2m,00	10.000	»
1874	MOREAU (Mathurin), né à Dijon (Côte-d'Or); — élève de Ramey et de Dumont; — méd. 2e cl., 1855 (E. U.); — 1re cl., 1859; — rapp., 1861 et 1863; — ✻, 1865; — méd. 2e cl., 1867 (E. U.); — H. C.	*Nymphe fluviale ailée*, couronnée de roseaux, tenant un roseau de la main droite. Figure dominant la fontaine la plus rapprochée du Théâtre-Français.	H. 2m,00	10.000	»
1874	EUDE (Louis-Adolphe), né à Arès (Gironde); — élève de David d'Angers; — méd. 3e cl., 1859.	*Quatre figures d'enfants assis* sur le socle de la vasque de la 1re fontaine et reliées par des guirlandes.	H. 0m,70	10.000	»
1874	GAUTHIER (Charles), né à Chauvirey-le-Châtel (Haute-Saône); — élève de Jouffroy; — méd., 1865, 1866 et 1869; — ✻, 1872; — H. C.	*Quatre figures d'enfants assis* sur le socle de la vasque de la 2e fontaine et reliées par des guirlandes.	H. 0m,70	10.000	»
1874	THIÉBAUT (Victor), fondeur.	Fonte des figures en bronze et de tous les motifs d'ornementation.	......	»	35.360
1874	MURGEY, sculpteur.	Sculpture d'ornement des deux fontaines.	......	16.000	»
		TOTAUX......	......	56.000	35.360

FONTAINE DE LA HALLE AU BLÉ

NOTICE HISTORIQUE.

La fontaine de la halle au blé est établie à la base d'une colonne monumentale d'ordre dorique qui, seule, présente, au point de vue historique, un intérêt réel. Elle est l'œuvre de Jean BULLANT [1] et mesure 26 mètres de hauteur sur 3 mètres de diamètre. Elle renferme un escalier à vis aboutissant à la plate-forme du tailloir, dans une lanterne en fer surmontée d'une sphère armillaire. Située autrefois à l'angle de l'une des cours du palais de Catherine de Médicis, cette colonne servait, dit-on, d'observatoire à la Reine, ainsi qu'à son astronome Ruggieri.

Ce palais, qui s'appelait Hôtel de la Reine, appartint ensuite à Charles de Soissons, dont il prit le nom. Il fut démoli en 1748, à l'exception de la colonne, vendue 1,800 francs à M. de BACHAUMONT qui la céda à la Ville de Paris.

En 1763, dans les dispositions adoptées pour la construction de la halle au blé, on respecta la colonne qui se trouva adossée au nouvel édifice et qui reçut à sa base la fontaine actuelle.

Cette fontaine présente un soubassement polygonal, muni d'un robinet d'où l'eau s'échappe, et supportant un motif ornemental composé d'une table d'inscription encadrée de moulures et couronnée d'une corniche ornée des armes de la Ville.

L'inscription est ainsi conçue :

In basi turris hujus e regiarum ædium reliquiis extantis quod insigne opus a Joanne BULLANT, *architecto, anno post J.-C. 1572 ædificatum, anno autem 1749, destructum ut in frumentarias nundinas conversum sit utilitati civium et hujusce fori ornamento præfectus et ædiles fontem restauraverunt anno 1812.*

---

[1] Jean BULLANT, architecte et sculpteur, né vers 1510 ou 1515. — Mort à Écouen en 1578.

FONTAINE DE L'ARBRE-SEC

NOTICE HISTORIQUE.

Construite sous François Ier, cette fontaine s'appelle en réalité la fontaine du Trahoir. Elle occupait un emplacement alors situé vers le milieu de la rue de l'Arbre-Sec. Afin de faciliter la circulation, on la transporta, en 1636, au coin des rues de l'Arbre-Sec et Saint-Honoré.

Elle fut alors installée dans un pavillon que le Prévôt des marchands, Miron, avait fait élever pour servir de réservoir aux eaux d'Arcueil. Ce pavillon, reconstruit en 1776, sur les dessins de SOUFFLOT [1], présente, sur chacune des deux rues, une façade percée de fenêtres et ornée de bossages et de stalactites en pierre. Il se compose d'un soubassement, d'un ordre de pilastres divisé en deux étages et d'un entablement surmonté d'une balustrade à jour. L'intérieur du bâtiment, occupé autrefois par le juge chargé d'entendre les derniers aveux des criminels au moment de leur supplice, contient deux étages de logements, actuellement mis à la disposition du service des eaux de Paris. Dans le trumeau, au milieu du premier étage de la façade sur la rue Saint-Honoré, une nymphe entourée de roseaux a été sculptée en bas-relief par BOIZOT. Elle tient sur son épaule une urne qu'elle déverse dans une coquille. Les autres sculptures d'ornement sont aussi de BOIZOT.

Du côté de la rue de l'Arbre-Sec, le soubassement est occupé par une arcade aveugle ornée d'un tympan sculpté avec table saillante au-dessous de laquelle l'eau s'échappe d'un mascaron en bronze. La hauteur totale de l'édifice est de 14 mètres, sa largeur sur la rue Saint-Honoré de 8 mètres, et sur la rue de l'Arbre-Sec de 6 mètres.

---

[1] SOUFFLOT (Jacques-Germain), né à Auxerre, le 22 juillet 1713; — membre de l'Académie, 1749. — Mort le 29 août 1780.

ÉTAT DES TRAVAUX D'ART.

DATES DES COMMANDES	ARTISTES	SUJETS	DIMENSIONS	PRIX ALLOUÉS Travaux d'art	Travaux accessoires
1776	BOIZOT (Louis-Simon), sculpteur, né à Paris, en 1743;—élève de Michel-Ange Slotz; — g^d prix de sculpture, 1762; — méd. de l'Académie, 1778. — Mort en 1809.	*Nymphe* entourée de roseaux et tenant sur son épaule une urne inclinée. Bas-relief en pierre dans le trumeau, au milieu du 1er étage de la façade sur la rue Saint-Honoré. *Stalactites* et autres motifs d'ornements sur les deux faces de la fontaine.	H. 2^m,10	»	»

FONTAINES PUBLIQUES

IIe ARRONDISSEMENT

IIᴱ ARRONDISSEMENT

FONTAINE COLBERT

NOTICE HISTORIQUE.

Elle est située rue Colbert et fait partie de celles qui furent construites par l'ordre de Louis XIV.

Elle ne présente aucune autre décoration sculpturale qu'un cartouche aux armes de la ville de Paris, placé dans un fronton triangulaire couronnant une niche droite, au bas de laquelle un mascaron de bronze laisse échapper l'eau.

FONTAINE LOUVOIS

NOTICE HISTORIQUE.

Cette fontaine s'élève sur l'ancien emplacement de la salle de l'Opéra, abattue sous la Restauration, après l'assassinat du duc de Berry par Louvel (13 février 1820). — On décida alors qu'on bâtirait sur cet emplacement une chapelle expiatoire, dont les travaux étaient déjà avancés lorsque la Révolution de juillet vint les faire cesser. — On y substitua une place plantée d'arbres, au centre de laquelle fut construite la fontaine actuelle.

Ce monument se compose d'un bassin octogonal de 12 mètres de diamètre, en pierres de Château-Landon, au milieu duquel s'élève un socle à pans coupés, dont chaque face est ornée de figures de tritons en fonte de fer, assis sur des dauphins. Ce socle supporte une grande vasque circulaire en fonte de fer bronzée, ornée de douze têtes, séparées par les signes du zodiaque et projetant l'eau dans le bassin. Au milieu de cette vasque, quatre figures de femmes représentant la Seine, la Loire, la Garonne et la Saône, les mains entrelacées, entourent une colonne en pierre qui soutient une seconde vasque d'où s'échappent des filets d'eau retombant dans le réservoir inférieur. Un vase bronzé, orné de têtes de faunes, termine l'édifice.

La fontaine Louvois a été exécutée d'après les dessins de VISCONTI [1]; les figures sont de KLAGMANN. — Inaugurée en 1844, elle a coûté 115,286 francs.

ÉTAT DES TRAVAUX D'ART.

DATES DES COMMANDES	ARTISTES	SUJETS	DIMENSIONS	PRIX ALLOUÉS Travaux d'art	Travaux accessoires
1844	KLAGMANN (Jean-Baptiste-Jules), sculpteur, né à Paris en 1810; — élève de Ramey fils; — ✻ en 1853. — Mort en 1867.	*La Seine, la Loire, la Garonne* et *la Saône*, quatre figures de femmes en fonte de fer bronzée par le procédé galvanoplastique, et placées au-dessus de la vasque principale.	H. 2m,50	»	»
		Quatre figures de Tritons soufflant dans des conques marines, et assis sur des dauphins, autour du socle de la fontaine.	H. 1m,00	»	»
		Douze têtes sculptées autour de la vasque principale et séparées par les signes du zodiaque.	H. 0m,40	»	»
		Vase décoratif orné de quatre têtes de Faunes, au sommet de l'édifice.	H. 0m,90	»	»

[1] Voir page 9.

FONTAINE D'ANTIN OU GAILLON

NOTICE HISTORIQUE.

Situé au carrefour Gaillon, ce petit édifice, dont les dessins sont de VISCONTI[1], a remplacé l'ancienne fontaine construite en 1712, sous Louis XIV, contre l'ancien hôtel Chamillard.

Actuellement, la fontaine est placée au centre d'une niche dont la voussure, ornée de roseaux, est encadrée de deux colonnes d'ordre composite, supportant un entablement ressautant surmonté d'un attique.

Elle se compose de deux vasques sculptées, de grandeur inégale, superposées et surmontées d'une figure en pierre représentant un petit Triton qui frappe d'un trident le dauphin sur lequel il est monté.

On lit sur la frise l'inscription suivante :

Pristinum fontem area jam amplificata communi utilitati urbisque ornamento in majus restituerunt præfectus et ædiles anno MDCCCXXIII.

ÉTAT DES TRAVAUX D'ART.

DATES DES COMMANDES	ARTISTES	SUJETS	DIMENSIONS	PRIX ALLOUÉS Travaux d'art	Travaux accessoires
1828	JACQUOT (Georges), sculpteur, né à Nancy en 1794; — élève de Ramey, de Bosio, de Gros et de l'école des Beaux-Arts; — g^{d} prix en 1820; — méd. 2e cl. en 1831; — ✱ en 1857. — Mort en 1874.	*Petit Triton* monté sur un dauphin qu'il frappe de son trident. Figure d'enfant en pierre, au centre de la niche sur la seconde vasque.	H. 1^{m},20	»	»
	DERRE, COMBETTE. } sculpteurs ornemanistes.	Ornements et sculptures décoratives.			

[1] Voir page 9.

FONTAINES PUBLIQUES

IIIe ARRONDISSEMENT

IIIe ARRONDISSEMENT

FONTAINES DU SQUARE DES ARTS-ET-MÉTIERS

NOTICE HISTORIQUE.

Ces deux monuments, construits en 1860, dans le square des Arts-et-Métiers, sous la direction de M. DAVIOUD[1], se composent chacun d'un bassin oblong, terminé par deux parties demi-circulaires et entouré d'une pelouse disposée en boulingrin. Au milieu de ce bassin s'élève une petite vasque en pierre du Jura, décorée de mascarons et de guirlandes en bronze. Deux figures également en bronze sont accroupies sur un socle en pierre qui fait corps avec le pied de la vasque.

Les deux figures de la fontaine la plus rapprochée du Théâtre-Lyrique représentent Mercure et la Musique, par M. OTTIN. Les deux figures sur l'autre fontaine représentent l'Agriculture et le Travail, par M. GUMERY.

L'eau s'échappe du pied des deux vasques par deux têtes de lions, et du milieu des vasques par deux jets d'eau verticaux.

ÉTAT DES TRAVAUX D'ART.

DATES DES COMMANDES	ARTISTES	SUJETS	DIMENSIONS	PRIX ALLOUÉS Travaux d'art	Travaux accessoires
1860	GUMERY (Charles-Alphonse), sculpteur, né à Paris; — élève de Toussaint et de l'école des Beaux-Arts; — prix de Rome en 1850; — méd. 3e cl. en 1855; — méd. 2e cl. en 1857; — rapp. en 1859 et 1863; — méd. 1re cl. en 1867 (E. U.); — ✱ en 1867. — Mort à Paris en 1873.	*L'Agriculture et le Travail*, figures en bronze accroupies sur le piédestal de la vasque de la fontaine la plus éloignée du Théâtre-Lyrique.	H. 1m,20 L. 1m,50	14.140	»
Id.	THIÉBAUT (Victor), fondeur.	Fonte des deux figures ci-dessus.	. . . .	»	16.231
Id.	OTTIN (Auguste-Louis-Marie), né à Paris, en 1811; —élève de David d'Angers et de l'école des Beaux-Arts; — prix de Rome en 1836; — méd. 2e cl. en 1842; — 1re cl. en 1846; — 2e cl. en 1867; — ✱ en 1867. — H. C.	*Mercure et la Musique*, figures en bronze accroupies sur le piédestal de la vasque de la fontaine la plus rapprochée du Théâtre-Lyrique.	H. 1m,20 L. 1m,50	14.140	»
Id.	ECK et DURAND, fondeurs.	Fonte des deux figures ci-dessus.	. . . .	»	15.966
Id.	LIÉNARD.	Sculpture d'ornement.	. . . .	1.813	»
		TOTAUX.	. . . .	30.093	32.197

[1] Voir page 4.

FONTAINE DU TEMPLE OU DE SAINTE-AVOYE

NOTICE HISTORIQUE.

Cette fontaine est située rue du Temple, au coin de la rue de Rambuteau. Elle se compose actuellement de six assises de refend adossées à la pile d'une maison particulière, et surmontées d'un petit fronton triangulaire, dont le tympan est décoré des armes de la Ville et de deux dauphins sculptés en bas-relief.

L'eau s'échappe d'un robinet placé à la base.

Cette construction remplace l'ancienne fontaine Sainte-Avoye, édifiée en 1687 et qui se composait d'un avant-corps en arc de cercle et d'un petit bâtiment à deux étages, couronné par un fronton demi-circulaire.

Elle portait l'inscription suivante, due à Santeuil :

Civis aquam petat his de fontibus ; illa benigno
De patrum patriæ munere jussa venit.

FONTAINE BOUCHERAT

NOTICE HISTORIQUE.

La façade de cette fontaine, placée à l'angle des rues Turenne et Charlot, présente une arcade fermée portant à sa base un mascaron en bronze d'où l'eau s'échappe, et décorée d'une archivolte avec clef formée par une tête humaine sculptée, accompagnée de palmettes. Deux piédroits, ornés de refends, encadrent ce motif principal et supportent un fronton triangulaire, dans le tympan duquel est sculpté un écusson accompagné de deux cornes d'abondance ; entre ce fronton et l'archivolte, se trouve une table saillante. Un petit attique orné de caissons termine l'édicule.

La fontaine Boucherat, ainsi appelée en mémoire du chancelier Boucherat, successeur de Letellier, a été élevée, vers 1697, sur un terrain cédé à la Ville par Philippe de Vendôme. Une inscription, dont elle était autrefois décorée, faisait allusion à la paix de Riswick.

FONTAINE DE L'ÉCHAUDÉ

NOTICE HISTORIQUE.

La fontaine dont il s'agit, située à l'angle de la rue de Poitou et de la rue Vieille-du-Temple, est formée d'un grand piédestal hexagonal, dont l'une des faces s'engage dans la maison d'angle. Ce piédestal se termine par une corniche à gorge, surmontée d'un motif en forme de calotte. L'eau coule d'une goulotte placée dans le soubassement de la face donnant sur la rue Vieille-du-Temple. Cette fontaine, construite en 1671, est la plus ancienne de toutes celles du quartier du Marais.

Elle tirait autrefois son eau de l'aqueduc de Belleville. C'est ce qu'avait voulu exprimer Santeuil dans le distique qu'on y lisait jadis :

Hic nymphæ agrestes effundite civibus urnas :
Urbanas prætor vos facit esse deas.
Fausta Parisiacam, Lodoico rege, per urbem,
Pax ut fundet opes, fons ita fundit aquas.

FONTAINE DES HAUDRIETTES

NOTICE HISTORIQUE.

La fontaine des Haudriettes, édifiée en 1638, a été reconstruite en 1760, d'après les dessins de MOREAU-DESPROUX [1], à l'angle de la rue des Archives et de la rue des Vieilles-Haudriettes. Elle est élevée sur un soubassement polygonal d'où l'eau s'échappe par un mascaron en bronze à tête de lion. Deux piédroits occupent les faces latérales et encadrent le motif principal qui se présente sur la façade et se compose d'un piédestal en applique dans le dé duquel est sculptée une nymphe en bas-relief, vue de dos et accroupie sur son urne. Ce piédestal supporte un cadre rectangulaire dont le chambranle est orné de deux consoles qui supportent un fronton triangulaire. Un attique percé d'une ouverture sur la façade et raccordé sur les piédroits latéraux par des parties cylindriques termine l'ensemble de ce monument.

[1] MOREAUX-DESPROUX (Pierre-Louis), élève de Beausire, élève de l'École de Rome, 1754 ; — membre de l'Académie d'architecture en 1762 ; — maître général des bâtiments de la Ville de Paris de 1763 à 1789. — Décapité en 1791.

ÉTAT DES TRAVAUX D'ART.

DATES DES COMMANDES	ARTISTES	SUJETS	DIMENSIONS	PRIX ALLOUÉS Travaux d'art	PRIX ALLOUÉS Travaux accessoires
1765	MIGNOT (Pierre-Philippe), sculpteur, agréé de l'Académie en 1757. — Mort en 1770.	Modèle d'une naïade sculptée en bas-relief au-dessus du soubassement. Ce bas-relief a été exposé au salon de 1765.	H. du bas-relief 0m,65, L. 0m,90	»	»

FONTAINE DE SAINT-LOUIS

OU DE LA RUE DE TURENNE

NOTICE HISTORIQUE.

La fontaine Saint-Louis a été établie à la fin du XVIIe siècle, lors des grandes constructions faites dans l'ancien Marais. Elle se composait primitivement d'un stylobate sur lequel s'élevait une niche placée entre deux pilastres soutenant un fronton triangulaire, derrière lequel s'élevait un petit dôme en pierre couronné par une lanterne. Le milieu de la niche était rempli par un vase posé sur un piédestal. La fontaine actuelle, située rue de Turenne, sur le même emplacement, entre la rue du Foin et la rue des Minimes, a été reconstruite en 1846. Elle présente une arcade comprise entre deux pilastres ioniques, surmontés d'un entablement portant les armes de la ville de Paris. Le fond de cette arcade est occupé par une niche circulaire, dont le cul-de-four est orné de bas-reliefs représentant des cigognes et des plantes aquatiques. Cette niche contient un bassin en pierre surmonté d'un socle à consoles, qui supporte une coquille et une figure d'enfant en zinc soulevant une urne d'où l'eau s'échappe. L'arcade est munie d'une grille à hauteur d'appui.

ÉTAT DES TRAVAUX D'ART.

DATES DES COMMANDES	ARTISTES	SUJETS	DIMENSIONS	PRIX ALLOUÉS	
				Travaux d'art	Travaux accessoires
1846	BOITEL (Isidore-Romain), sculpteur, né à Paris, en 1812; — élève de David d'Angers et de Pradier; — méd. 3e cl., 1853. — Mort en 1861.	Modèle d'une figure d'enfant, exécutée en zinc et placée dans l'arcade de la fontaine, au-dessus de la vasque. Sur le fronton, sculptures décoratives. *Armes de la Ville de Paris.*	H. 1m,40	2.000	»
		TOTAL.......		2.000	»

FONTAINE DU VERT-BOIS

NOTICE HISTORIQUE.

Cette fontaine est située dans la rue Saint-Martin, au coin de la rue du Vert-Bois ; elle a été adossée, vers 1712, à une tour qui faisait partie du mur d'enceinte du prieuré de Saint-Martin-des-Champs.

Elle comprend un soubassement d'où l'eau jaillit par un mascaron de bronze et sur lequel posent deux pilastres doriques à bossages, couronnés d'une corniche architravée et d'une espèce d'acrotère qui porte un cartouche avec des ailes. Ce cartouche est surmonté d'une conque marine ; les bossages des pilastres sont ornés alternativement de stalactites et de contours vermiculés. La façade est remplie par une table destinée à recevoir une inscription et surmontée d'un cadre dans lequel est sculpté un vaisseau.

FONTAINE MAUBUÉE

NOTICE HISTORIQUE.

La fontaine Maubuée, située rue Saint-Martin, est l'une des plus anciennes de Paris. Elle est mentionnée dans les lettres patentes du 9 octobre 1392, par lesquelles Charles VI essaya de mettre un terme aux concessions particulières accordées ou usurpées sur les eaux de Paris.

« Mau buée » voulait dire mauvaise buée, mauvaise lessive. En effet, à cette époque, les eaux de cette fontaine, provenant des sources de Belleville, étaient lourdes, calcaires et indigestes. Depuis, elle a été successivement alimentée par les machines du pont Notre-Dame, les eaux de l'Ourcq, et enfin par celles de la Dhuys.

Le monument actuel date de 1733. Il est décoré d'un bas-relief du XVIIIe siècle, fort altéré par le temps, représentant un vase rocaille, entouré de roseaux et de plantes marines. L'eau sort par un robinet placé dans le soubassement au-dessous du bas-relief. Les armes de France, qui surmontaient la table d'inscription, ont été effacées pendant la période révolutionnaire.

FONTAINE DU MARCHÉ SAINT-MARTIN

NOTICE HISTORIQUE.

Construite en 1806, cette fontaine occupe le centre du carré Saint-Martin; elle se compose de deux bassins superposés, en pierre, dont le plus grand mesure 6 mètres de diamètre, et d'une vasque en bronze supportée par un groupe formé de figures d'enfants, également en bronze, et représentant l'Agriculture, l'Abondance, la Chasse et la Pêche.

L'eau jaillissant du centre de la vasque se répand en cascade dans les bassins inférieurs.

Une seconde fontaine est adossée intérieurement à la grille de clôture du marché Saint-Martin; c'est une borne en pierre, ornée d'un mascaron de bronze, par lequel l'eau se déverse dans un bassin demi-circulaire.

ÉTAT DES TRAVAUX D'ART.

DATES DES COMMANDES	ARTISTES	SUJETS	DIMENSIONS	PRIX ALLOUÉS	
				Travaux d'art	Travaux accessoires
1806	GOIS fils (Edme-Etienne-François), sculpteur, né à Paris en 1765; — élève de son père; — g^d prix au concours de l'Acad. en 1791; — méd. 1re cl. — Mort en 1836.	*L'Agriculture*, *l'Abondance*, *la Chasse*, *la Pêche*: figures en bronze groupées autour du socle de la vasque principale.	H. 1m,25	»	»

FONTAINES PUBLIQUES

IVe ARRONDISSEMENT

IVe ARRONDISSEMENT

FONTAINE DE L'ARCHEVÊCHÉ

NOTICE HISTORIQUE.

Cet édifice, construit en 1843, d'après les dessins de VIGOUREUX[1], occupe le centre du square de l'Archevêché.

Il comprend deux bassins hexagonaux superposés en gradins.

Au milieu du second bassin, sur un socle triangulaire décoré d'arcatures ogivales sculptées, s'élève un petit monument de style gothique, composé de trois faisceaux de colonnes isolées, supportant un pinacle à frontons et clochetons, terminé par une flèche dont les arêtes sont ornées de crochets.

Entre ces trois faisceaux se trouve abritée une statue de la Vierge à l'Enfant. La base de son piédestal est orné de statuettes représentant les douze apôtres (quatre sur chaque face).

Aux trois angles du socle, des figures d'archanges, abritées par des dais et supportées par des culs-de-lampe, foulent aux pieds les Hérésies, représentées par des dragons, de la gueule desquels l'eau s'échappe dans le bassin supérieur.

ÉTAT DES TRAVAUX D'ART.

DATES DES COMMANDES	ARTISTES	SUJETS	DIMENSIONS	PRIX ALLOUÉS — Travaux d'art	PRIX ALLOUÉS — Travaux accessoires
1843 à 1845	MERLIEUX (Louis-Parfait), sculpteur, né à Paris en 1796; — élève de Roman et de Cartelier.	*La Vierge à l'Enfant*, entre les trois faisceaux formant le motif principal du monument.	H. 3m,30	6,300	»
		Trois Archanges foulant aux pieds les hérésies figurées par des dragons placés aux trois angles du socle.	H. 1m,80		
		Les douze Apôtres sculptés sur les trois côtés de la base du piédestal de la Vierge (quatre sur chaque face).	H. 0m,40		
		TOTAL...........		6,300	»

[1] VIGOUREUX (Alphonse), architecte des Travaux publics, inspecteur du service des Eaux de la Ville de Paris. — Mort en 1854.

FONTAINE CHARLEMAGNE

NOTICE HISTORIQUE.

Cette fontaine, située rue Charlemagne, en face de la rue des Jardins-Saint-Paul, présente une niche demi-circulaire, voûtée en cul-de-four, et décorée de sculptures d'animaux et de plantes aquatiques. Elle est encadrée par deux pilastres cannelés d'ordre dorique supportant un entablement terminé par un fronton triangulaire, dans le tympan duquel les armes de la ville de Paris sont sculptées entre deux cornes d'abondance. Dans la frise est gravée en relief la date de la construction (1840).

L'intérieur de la niche est occupé par une vasque en fonte dont le piédestal, au-dessus du soubassement, est formé d'un groupe de dauphins jetant l'eau dans un bassin inférieur, de forme polygonale.

La vasque est surmontée d'une figure d'enfant, également en fonte, portant une coquille d'où l'eau tombe dans la vasque. Cette figure mesure $1^m,20$ de hauteur.

L'ensemble de l'édicule est adossé au mur de clôture du presbytère de l'église Saint-Paul.

FONTAINES DU PARVIS NOTRE-DAME

NOTICE HISTORIQUE.

Il existait autrefois, sur le parvis Notre-Dame, une fontaine qui fut démolie en 1748, pour dégager le parvis, en même temps que la petite église de Saint-Jean-le-Rond. On construisit, en 1806, une autre fontaine qui a disparu avec le bâtiment d'administration de l'ancien Hôtel-Dieu, auquel elle était adossée.

Sa décoration se composait de deux socles carrés engagés dans la masse de l'édifice et surmontés de deux vases de style grec, enrichis de bas-reliefs représentant des femmes portant secours à des malades.

La fontaine actuelle, située presque vis-à-vis du portail de droite de l'église cathédrale de Notre-Dame, affecte la forme d'un exèdre demi-circulaire pratiqué dans le mur de clôture du préau de l'ancien Hôtel-Dieu. L'eau s'échappe de deux mascarons en bronze à têtes de lions logés dans cet exèdre et séparés par une table saillante dans laquelle est gravée un trident.

FONTAINE DE LA POISSONNERIE

NOTICE HISTORIQUE.

Ce monument, adossé au mur de fond de l'impasse de la Poissonnerie, dans le prolongement de la rue Necker, a été construit, en 1783, sous la direction de CARON [1], architecte du marché Sainte-Catherine.

Il comprend un motif principal, en avant-corps, encadré de deux pilastres d'ordre dorique à bossages, ornés de stalactites qui supportent un entablement avec fronton triangulaire, dans le tympan duquel est sculpté un vase entouré de roseaux.

Entre les pilastres se trouve une niche rectangulaire, peu profonde, décorée d'un bas-relief représentant un faisceau couronné de chêne qu'accompagnent deux dauphins entrelacés avec des cornes d'abondance.

Au-dessous, deux tables saillantes unies, dont la plus basse porte le robinet d'eau.

Une sorte de dôme, se terminant en pyramide, surmonte la construction principale qu'accompagnent, de chaque côté, des portes sur les linteaux desquelles sont sculptées des rosaces formées de coquilles et de plantes aquatiques.

FONTAINES DES TÊTES DE BŒUFS

NOTICE HISTORIQUE.

Situées rue des Hospitalières-Saint-Gervais, derrière le marché des Blancs-Manteaux, ces deux fontaines, qui sont adossées à l'ancien bâtiment de la boucherie, actuellement transformé en école communale, offrent chacune une table saillante, en forme de stèle, surmontée d'un petit fronton triangulaire. Dans le tympan de ce fronton est placée une tête de bœuf en bronze, plus grande que nature, et ornée de bandelettes. Cette tête jette l'eau dans un bassin en pierre demi-circulaire, élevé de quelques centimètres au-dessus du sol.

---

[1] CARON, architecte. Construisit à Paris le marché Culture-Sainte-Catherine, rue des Francs-Bourgeois, dont la première pierre fut posée en 1783.

ÉTAT DES TRAVAUX D'ART.

DATES DES COMMANDES	ARTISTES.	SUJETS	DIMENSIONS	PRIX ALLOUÉS	
				Travaux d'art	Travaux accessoires
1819	GAULLE (Edme), sculpteur, né à Langres (Haute-Marne), en 1770; — élève de l'école des Beaux-Arts; — g^d prix de Rome, en 1803. — Mort en 1841.	*Deux têtes de bœufs* en bronze, décorées de bandelettes et placées dans le tympan des frontons qui surmontent les deux fontaines; exposées au salon de 1819.	H.0m,60 L.0m,70	»	»

FONTAINES DE LA PLACE DES VOSGES

NOTICE HISTORIQUE.

Ces quatre fontaines, situées dans le square de la place des Vosges (primitivement place Royale), ont été exécutées, d'après un modèle uniforme de MÉNAGER [1], par ordre du comte de Chabrol, alors Préfet de la Seine. Au centre d'un premier bassin circulaire de six mètres de diamètre qu'entoure une plate-bande de fleurs et de verdure, s'élève un piédouche supportant une vasque ornée de gaudrons et de têtes de lions, par lesquelles s'échappent des jets d'eau.

Au-dessus, une deuxième vasque plus petite, également supportée par un piédouche en forme de balustre, complète l'ensemble du monument. Une gerbe d'eau jaillissant du milieu de cette vasque retombe dans les bassins inférieurs.

[1] MÉNAGER (Jean-François-Julien), architecte, né à Paris, 1783; — élève de Lagardette; — 1er gr. prix de Rome, 1800.

FONTAINES PUBLIQUES

Ve ARRONDISSEMENT

Vᵉ ARRONDISSEMENT

BASSIN DE LA PLACE MÉDICIS

NOTICE HISTORIQUE.

Ce bassin a été construit en 1862, dans l'axe de la rue Soufflot, devant la grille du jardin du Luxembourg; il mesure 14 mètres de diamètre et est entouré d'une plate-bande de verdure et d'une grille. Au centre, une gerbe d'eau s'échappe d'une touffe de roseaux en fonte de fer.

L'établissement du bassin a coûté 10,897 fr. 50.

FONTAINE CAMBRAI

NOTICE HISTORIQUE.

Construit en 1624, vis-à-vis de l'église Saint-Benoît, dont il portait le nom, cet édicule a été transféré place Cambrai et comprend maintenant une borne se détachant en relief sur une table saillante placée contre le soubassement du collége de France. Cette borne, qui est surmontée d'un bandeau uni avec fronton triangulaire supporté par deux consoles, est ornée d'un mascaron en bronze à tête humaine, lançant l'eau dans une grille à fleur du trottoir.

L'ensemble de la fontaine mesure 2 mètres de largeur sur 2 mètres 15 de hauteur.

FONTAINE CUVIER

NOTICE HISTORIQUE.

Cet édifice, construit en 1840, par VIGOUREUX aîné [1], à la place d'une fontaine érigée en 1771, sur les dessins de BERNIN [2], est adossé au pan coupé formé par les rues Linné et Cuvier. Il se compose d'un bassin demi-circulaire dans lequel trois bornes en bronze lancent l'eau par des têtes de dauphin. Ces bornes sont appliquées sur un soubassement assez élevé, se terminant par un bandeau saillant et par une frise décorée de têtes d'animaux en ronde-bosse. Au-dessus se développe un groupe monumental symbolisant l'Histoire naturelle, sous les traits d'une jeune femme ayant à sa gauche un lion et tenant à la main des tablettes avec cette inscription :

Rerum cognoscere causas.

A ses pieds sont sculptés plusieurs animaux amphibies. Ce groupe se détache sur une niche voûtée en cul-de-four, encadrée de deux colonnes d'ordre ionique qui supportent un entablement et un acrotère, sur laquelle on lit cette inscription :

A Georges Cuvier.

La clef de voûte de la niche est ornée d'un aigle tenant un anneau dans ses serres.

ÉTAT DES TRAVAUX D'ART.

DATES DES COMMANDES	ARTISTES	SUJETS	DIMENSIONS	PRIX ALLOUÉS Travaux d'art	Travaux accessoires
1840	FEUCHÈRES (Jean-Jacques), sculpteur, né à Paris en 1807; — élève de Cortot et de Ramey; — méd. 2e classe en 1834; — ✻, 1836. — Mort en 1852.	L'*Histoire naturelle*, groupe monumental en pierre placé au-dessus de la frise et représentant une femme entourée d'animaux symboliques.	H. 1m,80	10,000	»
1840	POMATEAU (Pierre-Jules), sculpteur.	Animaux divers et motifs d'ornementation, sculptés sur la clef de voûte, autour du bassin, sur l'acrotère, etc.			
		TOTAL		10 000	»

[1] Voir p. 35.

[2] BERNIN (Laurent-Bernini), dit le Cavalier Bernin, peintre, sculpteur et architecte; né à Naples, en 1598. — Mort en 1680.

FONTAINE DES CARMES

NOTICE HISTORIQUE.

Cette fontaine, située au milieu de la cour centrale du marché des Carmes, a été construite d'après les dessins de FRAGONARD [1]; elle présente un bassin circulaire en pierre de 3 mètres 50 de diamètre, au milieu duquel s'élève une borne carrée, en forme de terme à double face, représentant le Commerce et l'Abondance, sous les traits de deux jeunes femmes, couronnées de fruits, qui supportent un vase sculpté.

Sur les faces de la borne, deux guirlandes de fruits, suspendues aux têtes, renferment un caducée entre deux cornes d'abondance. Le vaisseau de la Ville est gravé au-dessous. Sur les côtés, des branches d'olivier sont également représentées.

L'eau s'échappe de deux goulottes en bronze placées sur les deux faces du cippe, et retombe dans le bassin.

Le monument mesure une hauteur totale de 4 mètres sur une largeur de 65 centimètres.

FONTAINE SAINTE-GENEVIÈVE

NOTICE HISTORIQUE.

Elle est située en face de la rue de la Montagne-Sainte-Geneviève, devant la façade de l'École polytechnique. Il existait autrefois, sur le même emplacement, un édicule de forme triangulaire présentant un soubassement et un étage surmonté d'une coupole. Sur l'une des faces était ménagée une arcade, du milieu de laquelle l'eau jaillissait. Aujourd'hui l'eau s'échappe de trois bornes ornées de mascarons à tête de lion en bronze situées à l'intérieur d'un bahut en forme d'exèdre demi-circulaire, surélevé de deux marches et supportant une grille de fer. Aux extrémités de son diamètre, ce bahut se raccorde à deux autres bornes de 1 mètre 80 de hauteur, décorées d'un écusson aux armes de la ville de Paris.

---

[1] FRAGONARD (Alexandre-Évariste), peintre d'histoire et sculpteur, né à Grasse en 1780; — ✻, 1823. — Mort en 1850.

FONTAINE POLIVEAU

NOTICE HISTORIQUE.

La fontaine Poliveau, construite en 1806, est située au carrefour formé par les rues de Poliveau, des Fossés-Saint-Marcel, du Fer-à-Moulin et Geoffroy-Saint-Hilaire. Elle offre l'aspect d'une borne monumentale en forme de stèle, encadrée d'une moulure et posée sur un socle également mouluré. La face principale est ornée d'une sculpture en ronde-bosse, représentant un aigle dans une couronne de lauriers. Un mascaron de bronze à tête humaine, appliqué au bas de la borne, un peu au-dessous du soubassement, déversait autrefois l'eau dans un bassin carré placé en avant et qui a été supprimé. Aujourd'hui l'eau s'échappe d'un second mascaron, plus petit, à tête de lion, placé plus bas dans la plinthe du socle.

Deux peupliers encadrent la façade de cet édifice, qui est exhaussé sur un trottoir circulaire, et derrière lequel s'ouvre une porte surmontée d'un œil-de-bœuf.

FONTAINE DU POT-DE-FER SAINT-MARCEL

NOTICE HISTORIQUE.

Ce petit monument, construit en 1671, est situé à l'angle des rues Mouffetard et du Pot-de-Fer.

Il se compose d'un corps de bâtiment à un étage, présentant deux façades raccordées par une partie circulaire. Chaque façade est ornée d'une arcade sans profondeur, dont les piédroits et les cintres sont décorés de bossages et surmontés d'un petit attique.

Une goulotte, placée au milieu de l'arcade donnant sur la rue Mouffetard, déverse l'eau dans une grille au niveau du trottoir. Une porte, surmontée d'une fenêtre, est pratiquée au milieu de l'autre arcade et donne accès dans l'intérieur de l'édicule. Une table saillante unie est placée sous la corniche, entre les deux arcades.

FONTAINES VALHUBERT

NOTICE HISTORIQUE.

Ces deux fontaines, situées en face du pont d'Austerlitz, dans l'hémicycle planté d'arbres formant la place Valhubert, décoraient autrefois l'ancienne place du Marché-aux-Fleurs. Elles se composent chacune d'un bassin circulaire de 4 mètres de diamètre, contenant à son centre un piédouche en bronze, en forme de balustre orné, qui supporte une vasque de même métal, décorée à sa partie extérieure de feuilles d'acanthe et de huit petites sirènes, reliées par des guirlandes de fleurs. L'eau, dont la distribution est actuellement arrêtée, s'échappait en gerbes du milieu de cette vasque.

FONTAINE CHILDEBERT

NOTICE HISTORIQUE.

Avant l'ouverture du boulevard Saint-Germain, cette fontaine, qui date du commencement du XVIIIe siècle, était adossée à l'angle de la rue Childebert et de la rue des Ciseaux. Une fontaine de même style, et qui formait pendant à cet édicule, a été enlevée, lors de la démolition de la rue Childebert, et déposée à l'hôtel Carnavalet.

L'édicule dont il s'agit ici a été réédifiée, en 1875, dans le square Monge, contre le mur de soutènement d'un bâtiment dépendant de l'École polytechnique.

Son ensemble décoratif comprend une niche demi-circulaire en pierres de taille, dont la voûte, en cul-de-four, est décorée d'une coquille. Cette niche, encadrée par deux piédroits, est surmontée d'une archivolte soutenue par deux consoles décorées de mascarons.

Sur l'extrados, deux dauphins qui dominent l'ensemble du monument, sont étendus de chaque côté d'un vase d'où s'échappent des coquillages et des plantes marines.

Dans la niche se trouve une table saillante, unie, au-dessous de laquelle un mascaron en bronze, à tête humaine, jette l'eau dans un petit bassin à fleur du sol.

FONTAINES PUBLIQUES

VIe ARRONDISSEMENT

VIᴱ ARRONDISSEMENT

FONTAINE DE L'OBSERVATOIRE

NOTICE HISTORIQUE.

Ce monument, exécuté d'après le plan et sous la direction de M. DAVIOUD [1], est situé vis-à-vis de l'avenue de l'Observatoire, à l'extrémité du square créé sur les terrains retranchés du Luxembourg. Au centre d'un grand bassin rectangulaire, raccordé sur la face sud à une partie demi-circulaire, s'élève un deuxième bassin formé de quatre demi-cercles qui supporte un piédouche décoré de guirlandes de coquillages et de plantes marines en bronze, avec couronne de fruits de même métal. Au-dessus du piédouche se développe le motif principal, composé d'un groupe de quatre figures également en bronze, représentant les Quatre Parties du Monde supportant le Globe terrestre.

A la base du piédouche, huit chevaux marins en bronze, espacés par groupe de deux, reçoivent, en se cabrant, l'eau que lancent huit tortues placées dans le grand bassin. Entre chaque groupe, un dauphin jette l'eau dans le petit bassin, dont le trop plein déborde dans la cuve inférieure pour retomber de là en cascade, vis-à-vis la façade du palais, dans un vaste réservoir de forme rectangulaire entouré d'une plate-bande gazonnée et de candélabres.

Le bahut qui borde la chute d'eau est décoré de deux dés en pierre, destinés à recevoir des statues et que décorent provisoirement des motifs à pommes de pin ornés de guirlandes sculptées.

Les travaux de cette fontaine, dont la dépense s'est élevée à la somme de 200,000 francs, ont été terminés en 1875.

---

[1] Voir page 4.

ÉTAT DES TRAVAUX D'ART.

DATES DES COMMANDES	ARTISTES	SUJETS	DIMENSIONS	PRIX ALLOUÉS Travaux d'art	Travaux accessoires
1874	CARPEAUX (Jean-Baptiste), né à Valenciennes (Nord); — élève de Rude et de Duret; — prix de Rome, 1854; — méd. 2e cl., 1859; — 1re cl., 1863; — ✻, 1866; — méd. 1e cl., 1867 (E. U.); — O. ✻, 1875; — Mort en 1875.	*Les Quatre Parties du Monde* supportant le *Globe terrestre*, groupe en bronze sur le piédouche du bassin supérieur.	Figures, h. 2 m. 20.	25,000	»
Id.	LEGRAIN, sculpteur-ornemaniste, élève de Carpeaux.	Modèle de la sphère céleste soutenue par les Quatre Parties du Monde et décorée de douze bas-reliefs représentant les signes du zodiaque.	diam. ext de la sphère : 1 m 80	7,000	»
Id.	FREMIET (Emmanuel), né à Paris; — élève de Rude; — méd. 3e cl., 1849; — 2e cl., 1851; — 3e cl., 1855; — ✻, 1860; — méd. 2e cl., 1867 (E. U.); — H. C.	Modèle des chevaux marins formant quatre groupes d'animaux accouplés deux à deux à la base du soubassement.	H. 2m.20	24,000	»
		Modèle de huit tortues en bronze placées dans le grand bassin.	H. 0m.70		
Id.	VILLEMINOT (Louis), sculpteur, né à Paris; — ✻, 1874.	Modèle des guirlandes de fleurs qui entourent le piédouche.	L. 1m 30.	13,110	»
Id.	MATIFAT, fondeur.	Fonte du groupe principal.		»	16,800
		Idem des chevaux marins et des tortues.		»	33,800
		Idem de la sphère céleste.		»	3,600
		Idem des guirlandes du piédouche.		»	6,000
		TOTAUX.	. . . .	69,110	60,200

FONTAINE GARANCIÈRE

NOTICE HISTORIQUE.

Cette fontaine fut construite en 1715, rue Garancière, aux frais et par ordre de la veuve d'un prince de Condé. Elle se compose d'une niche encadrée dans un chambranle et pratiquée dans le soubassement d'un hôtel servant de dépendances au Luxembourg. Dans la niche, un mascaron en bronze à tête humaine jette l'eau dans une grille à fleur du sol. Au-dessus de la niche, sur une plaque en marbre entourée d'une moulure et surmontée par une corniche, on lit l'inscription suivante :

Aquam
A præfecto et ædilibus acceptam
Hic suis impensis civibus fluere voluit
Serenissima princeps Anna-Palatina ex Bavariis
Relicta serenissimi principis
Henrici Julii Borbonii principis Condæi
Anno Domini MDCCXV.

L'ensemble du monument mesure $1^{m},90$ de largeur sur $3^{m},80$ de hauteur.

FONTAINE SAINT-SULPICE

NOTICE HISTORIQUE.

Cet édifice, exécuté en 1847, d'après les dessins de VISCONTI[1], occupe le centre de la place Saint-Sulpice. Il se compose de trois bassins de forme octogonale, superposés en amphithéâtre et formant la base de la construction. Le premier de ces bassins présente 24 mètres de diamètre pour le cercle inscrit. Le second est divisé par quatre piédestaux supportant des figures de lions en pierre, lesquels tiennent sous leurs griffes les armes de la ville de Paris. Le troisième et dernier bassin est aussi divisé par quatre piédestaux supportant des vases ornés de mascarons sur leurs parties latérales. De la bouche de ces mascarons, l'eau retombe en nappes étagées jusque dans le grand bassin inférieur. Au centre et à la partie supérieure dominant la fontaine, s'élève le monument religieux qui complète sa décoration. Il est de forme carrée ; quatre pilastres d'ordre corinthien saillissent diagonalement sur ses angles. Entre ces pilastres, quatre niches circulaires en cul-de-four abritent les quatre statues des grands orateurs de la chaire française : Fénelon, Massillon, Bossuet et Fléchier. Ces figures

[1] Voir page 9.

reposent sur des socles où sont gravés les noms et qualités de ces grands orateurs. Un riche entablement ressautant sur les pilastres d'angles est surmonté d'un dôme à quatre compartiments séparés par des nervures saillantes. Sur les faces, des cartouches portent en relief les armes de chaque ville épiscopale. Un fleuron orné d'une croix latine termine ce monument qui a coûté 250,518 fr. 50 c.

ÉTAT DES TRAVAUX D'ART.

DATES DES COMMANDES	ARTISTES	SUJETS	DIMENSIONS	PRIX ALLOUÉS Travaux d'art	Travaux accessoires
1847	LANNO? (François-Gaspard-Aimé), sculpteur, né à Rennes (Ille-et-Vilaine); — élève de Cartellier; — grand prix de Rome, 1827; — méd. 2e classe, 1843; — 3e classe, 1855; — ✻, 1855. — Mort, 1871.	*Fénelon*, statue en pierre assise entre les pilastres au-dessus du bassin principal.	H. 2m,50	»	»
1847	FEUCHÈRES (Jean-Jacques), sculpteur, né à Paris en 1807; — élève de Cortot et de Ramey; — méd. 2e classe en 1834; — ✻, 1836. — Mort en 1852.	*Bossuet*, statue en pierre assise entre les pilastres au-dessus du bassin principal.	H. 2m,50	»	»
1847	DESPREZ (Louis), sculpteur, né à Paris en 1779; — élève de Bosio; — 2e grand prix de Rome en 1822; — 1er grand prix en 1826; — méd. 2e classe en 1831; — 1re cl. en 1843; — ✻ en 1851. — Mort en 1871.	*Fléchier*, statue en pierre assise entre les pilastres au-dessus du bassin principal.	H. 2m,50	»	»
1847	FAUGINET (Jacques-Auguste), sculpteur.	*Massillon*, statue en pierre assise entre les pilastres au-dessus du bassin principal.	H. 2m,50	»	»
1847	DERRE (François), sculpteur, né à Bruges.	Quatre lions en pierre tenant les écussons de la Ville de Paris, assis sur les quatre piédestaux qui divisent le deuxième bassin.	H. 1m L. 3m	»	»
		Vases décoratifs.	H. 1m,30 L. 1m,20	»	»
		Armoiries en pierre.	H. 1m L. 0m,90	»	»
		Cartouches.	H. 1m,20 L. 0m,90	»	»

FONTAINE DU MARCHÉ-SAINT-GERMAIN

NOTICE HISTORIQUE.

Après avoir été établie autrefois place Saint-Sulpice, cette fontaine a été reconstruite au centre du marché Saint-Germain. Le projet primitif, composé par DETOURNELLE en 1724, a été repris, modifié et mis en œuvre en 1802, par VOINIER.

Au centre d'un bassin carré, élevé sur une plate-forme hexagonale à laquelle on accède par quatre perrons de quatre marches chacun, s'élève une borne de 4m,50 de hauteur sur 1m,50 de largeur et dont chaque face, terminée par un fronton triangulaire, est ornée d'une frise dans laquelle sont des guirlandes et des lyres sculptées par MARQUOIS. Au-dessous de la frise sont encastrés quatre bas-reliefs en marbre blanc, représentant des sujets allégoriques : La Paix, les Arts, le Commerce et l'Agriculture. Sur deux faces opposées de cette borne, l'eau s'échappant d'une goulotte en marbre, retombe dans une sorte de cuvette demi-circulaire, décorée de petits mascarons à têtes de lions, pour se répandre ensuite dans un petit bassin rectangulaire formant la base de la borne.

ÉTAT DES TRAVAUX D'ART.

DATES DES COMMANDES	ARTISTES	SUJETS	DIMENSIONS	PRIX ALLOUÉS	
				Travaux d'art	Travaux accessoires
1810	ESPERCIEUX (Jean Joseph), sculpteur, né à Marseille en 1758. — Mort en 1840.	*La Paix*, *les Arts*, *le Commerce*, *l'Agriculture*, bas-reliefs allégoriques en marbre blanc, encastrés au-dessus de la frise sur chacune des faces de la fontaine.	H. 1m,55 L. 1m,00	»	»

FONTAINE SAINT-MICHEL

NOTICE HISTORIQUE.

La fontaine Saint-Michel, qui a remplacé une ancienne fontaine construite en 1687, a été commencée en juin 1858, sur les dessins et sous la direction de M. Davioud[1], secondé par MM. Flament et Simonet, inspecteurs des Travaux. Elle a été inaugurée le 5 août 1860.

Ce monument est adossé à une haute maison formant le pan coupé du boulevard Saint-Michel et du boulevard Saint-André-des-Arts, et dont il a fallu dissimuler le mieux possible le pignon et les cheminées.

Sa façade, qui mesure 26 mètres de hauteur et 15 mètres de largeur, comprend un soubassement en pierre du Jura de 6m,40 de hauteur avec quatre piédestaux formant deux avant-corps. Ces piédestaux supportent chacun une colonne d'ordre corinthien, en marbre rouge du Languedoc, avec entablement ressautant. Les intervalles des colonnes portent un bouclier circulaire en bronze, décoré d'attributs allégoriques et au-dessous un cartouche orné d'une tête d'ange. Dans la frise d'entablement sont sculptées des figures d'anges portant des guirlandes, et au droit de chaque colonne des écussons à tête de lion. Les deux avant-corps de la colonnade sont séparés par une vaste niche centrale, voûtée en cul-de-four et dont la clef est ornée des armes de la ville de Paris avec la devise : *Fluctuat nec mergitur*. Dans cette niche qui, ainsi que l'intervalle des colonnes, est décorée de bossages, un groupe monumental en bronze, Saint-Michel terrassant le démon, s'élève sur un rocher en pierre de Soignies, d'où l'eau s'échappe et retombe en cascade dans quatre vasques superposées en gradins, et de là dans un bassin demi-circulaire à ras du sol, entouré d'une plate-bande de gazon et d'une petite grille ouvragée.

Ce bassin reçoit également deux jets d'eau lancés par deux dragons en bronze accroupis sur des piédestaux placés à chaque extrémité de la dernière vasque.

Les tympans de la niche sont ornés de chimères, et l'entablement des colonnes supporte quatre statues en bronze, placées dans l'ordre suivant, en commençant par la gauche : la Prudence, la Force, la Justice, la Tempérance.

A la hauteur de ces figures règne un étage d'attique orné d'un bas-relief central et de deux écussons latéraux.

L'ensemble du monument est surmonté d'un fronton demi-circulaire, élevé sur pilastres à gaînes, entre lesquels une table en marbre vert de mer, entourée de mou-

---

[1] Voir page 4.

lures, porte l'inscription commémorative de sa construction. Ce fronton est lui-même surmonté d'un écusson couronné d'un casque avec sceptre et main de justice et accompagné de deux figures allégoriques se donnant la main et reliées par une guirlande de fruits et de fleurs.

Deux grandes volutes, ornées de cornes d'abondance, raccordent cette partie centrale avec les bas-côtés.

La construction de la fontaine Saint-Michel a nécessité une dépense totale de 499,976 fr. 35 c.

Les travaux de fontainerie ont été exécutés par M. Halo, sous la direction de M. l'ingénieur Belgrand.

ÉTAT DES TRAVAUX D'ART

DATES DES COMMANDES	ARTISTES	SUJETS	DIMENSIONS	PRIX ALLOUÉS	
				Travaux d'art	Travaux accessoires
18?0 à 1861	DURET (Francisque-Joseph), sculpteur, né à Paris en 1804; — élève de Bosio; — grand prix de Rome en 1823; — méd. 1re classe, 1831; — ✻, 1836; — O. ✻, 1841; — membre de l'Institut, 1838; — grande méd. d'honneur, 1855. — Mort en 1865.	*Saint Michel terrassant le Démon*, groupe monumental placé dans la niche centrale, sur un rocher en pierre de Soignies.	H. 5m,50	36,000	»
Id.	BARRÉ (Jean-Auguste), sculpteur, né à Paris en 1811; — élève de Cortot; — méd. 2e classe, 1834; — 1re classe, 1840; — ✻, 1852.	*La Prudence*, statue en bronze, placée au-dessus de l'attique.	H. 2m,20	6,000	»
Id.	GUILLAUME (Claude-Jean-Baptiste-Eugène), sculpteur, né à Montbard (Côtes-d'Or) en 1822; — élève de Pradier; — prix de Rome en 1845; — méd. 2e classe, 1852; — 1re classe, 1855; — membre de l'Institut, 1862; — méd. d'honneur, 1867 (E. U.); — O. ✻, 1867.	*La Force*, id.	H. 2m,20	6,000	»
Id.	ROBERT (Louis-Valentin-Elias), sculpteur, né à Étampes (Seine-et-Oise), en 1815; — élève de Pradier et de David d'Angers; — méd. 3e classe, 1847; — ✻, 1858. — Mort en 1874.	*La Justice*, id.	H. 2m,20	6,000	»
		A reporter. . .	. . . . .	54,000	»

ÉTAT DES TRAVAUX D'ART.

DATES DES COMMANDES	ARTISTES	SUJETS	DIMENSIONS	PRIX ALLOUÉS Travaux d'art	Travaux accessoires
		Report....	....	54,000	»
1860 à 1861	GUMERY (Charles-Alphonse), sculpteur, né à Paris en 1827; — élève de Toussaint; — prix de Rome, 1850; — méd. 3e classe, 1855; — 2e classe, 1857; — rapp., 1859 et 1863; — méd. 1re cl., 1867 (E. U.); — ✻, 1867. — Mort en 1873.	*La Tempérance*, statue en bronze placée au-dessus de l'attique.	H. 2m,20	6,000	»
Id.	DEBAY (Auguste-Hyacinthe), sculpteur, né à Nantes en 1804; — élève de Gros et de Debay père; — 1er gd prix de Rome (Histoire), 1823; — méd. 3e cl., 1819; — méd. 1re cl., 1831; — méd. 1re cl., 1855; — rapp., 1861; — ✻, 1861. — Mort en 1865.	*La Puissance* et *la Modération*, figures dans le bas-relief supportant les armoiries qui décorent le fronton de la fontaine.	Ensemble du motif. H. 3m,00 L. 5m,00	10,000	»
Id.	JACQUEMART (Henri-Alfred), né à Paris; — élève de Paul Delaroche; — méd. 3e classe, 1857; — rapp. 1863; — méd., 1865; — ✻, 1870.	Deux figures en bronze de dragons ailés, accroupis de chaque côté du bassin et lançant l'eau par la gueule.	H. 2m,30 L. 2m,00	20,000	»
Id.	NOÉMIE CONSTANT (Mme), née à Paris; — élève de Pradier.	Bas-relief en pierre, composé de rinceaux et d'enfants.	H. 1m,20	15,000	31,800
Id.	THIÉBAUT (Victor), fondeur.	Fonte du groupe principal : *Saint Michel terrassant le Démon*.		»	24,350
Id.	ECK et DURAND, fondeurs.	Fonte des quatre figures représentant *la Prudence*, *la Force*, *la Justice* et *la Tempérance*.			
		TOTAUX.....	....	105,000	56,150

FONTAINES PUBLIQUES

VIIe ARRONDISSEMENT

VII° ARRONDISSEMENT

FONTAINE

DE LA

RUE DE GRENELLE-SAINT-GERMAIN

NOTICE HISTORIQUE.

Ce monument, qui occupe les n°s 57 et 59 de la rue de Grenelle-Saint-Germain, a été commencé en 1739 et terminé en 1745, d'après les dessins et sous la direction de Bouchardon. Il présente un avant-corps se détachant au milieu d'un mur de face en forme d'exèdre, ayant 29 mètres de largeur et 11m,60 de hauteur.

La partie décorative de l'édifice est élevée au-dessus d'un soubassement orné de refends qui occupe toute la hauteur du rez-de-chaussée. Elle se compose, pour l'avant-corps, d'une ordonnance à quatre colonnes ioniques, accouplées deux par deux, qui supportent un entablement avec fronton triangulaire, et pour les ailes, à gauche et à droite, de six travées séparées par des pilastres ressautant à l'entablement. Le tout est terminé par une balustrade d'attique.

L'avant-corps porte, à la partie supérieure du soubassement, une table de marbre qu'accompagnent deux consoles reliées par une guirlande de fruits. Au-dessus se développe le motif principal, en marbre blanc, représentant la Ville de Paris sous les traits d'une jeune femme assise entre deux statues couchées au milieu de roseaux et appuyées sur des urnes. Ces statues figurent la Seine et la Marne. Entre les colonnes, une plaque en marbre entourée d'un chambranle porte l'inscription suivante, en lettres d'or :

Populi amor et parens optimus,
Publicæ tranquillitatis assertor,
Gallici Imperii finibus
Innocuè propagatis,
Pace Germanos Rusosque
Inter et Ottomanos
Feliciter conciliatâ,
Gloriosè simul et pacificè
Regnabat,
Fontem hunc civium utilitati
Urbisque ornamento,
Consecrarunt
Præfectus et ædiles
Anno Domini
MDCCXXXIX.

Une couronne, rattachée par des rubans, est sculptée dans le tympan du fronton.

Les deux ailes du monument sont percées chacune d'une porte cintrée donnant accès dans des maisons particulières et dont la partie supérieure est encadrée de bas-reliefs symbolisant les Saisons.

Au-dessus et entre les pilastres, quatre niches cintrées contiennent chacune une statue représentant un génie symbolique. Dans chacune des travées correspondant aux portes, une niche carrée, entourée de chambranle, renferme un écusson aux armes de la Ville.

Enfin, à la base de l'avant-corps, deux mascarons en bronze à tête de dauphins lancent l'eau dans une grille placée dans le trottoir.

ÉTAT DES TRAVAUX D'ART.

DATES DES COMMANDES	ARTISTES	SUJETS	DIMENSIONS	PRIX ALLOUÉS Travaux d'art	Travaux accessoires
		La Ville de Paris, statue en marbre blanc, assise sur une proue de vaisseau au-dessus de l'avant-corps.	H. $1^m,50$	»	»
		La Seine et *la Marne*, statues en marbre, à droite et à gauche de la Ville de Paris.	H. 1^m L. $2^m,40$	»	»
1739 à 1745	BOUCHARDON (Edme), sculpteur du roi et architecte, professeur à l'Académie, dessinateur des inscriptions, né à Chaumont en Bassigny, en 1698; — grand prix de sculpture en 1722. — Mort en 1762.	4 bas-reliefs représentant les sujets suivants : *Le Printemps :* Des enfants se couronnent de fleurs, un autre joue avec des tourterelles, un quatrième attache aux arbres des guirlandes de fleurs. *L'Été :* Des enfants font la moisson; l'un d'eux se laisse aller au sommeil. *L'Automne :* Un enfant essaie d'arrêter une chèvre qui renverse un autre enfant et une corbeille remplie de raisin. *L'Hiver :* Des enfants sont rassemblés sous une tente, vis-à-vis d'un feu allumé par l'un d'eux. (Ces quatre bas-reliefs ont figuré au Salon de 1741. Le modèle du groupe principal a été également exposé en 1740).	H. $1^m,10$ L. $1^m,90$	»	»
		Quatre génies en marbre, placés dans des niches, entre les pilastres, et personnifiant les Quatre Saisons.	H. $2^m,10$	»	»
		Écusson aux armes de la Ville de Paris.	H. $2^m,40$ L. $1^m,20$	»	»

FONTAINE DE MARS

NOTICE HISTORIQUE.

Ce monument, situé rue Saint-Dominique, au débouché du passage de l'Alma et en face de l'hôpital militaire du Gros-Caillou, occupe le milieu d'une petite place décorée d'arcades.

Il a la forme d'un cippe élevé sur un socle carré en pierre, mesurant 1m,20 de hauteur, et dont trois faces sont décorées d'un mascaron en bronze à tête de dauphin. Celui qui est vis-à-vis de l'hôpital lance l'eau dans un bassin demi-circulaire en pierre posé sur le trottoir.

Au-dessus de ce socle, le monument proprement dit comprend un stylobate orné aux quatre angles d'animaux marins sculptés en bas-relief, et supportant une ordonnance à angles doriques avec entablement à triglyphes et mutules. Entre les deux pilastres de façade, un groupe sculpté en bas-relief personnifie le dieu Mars et Hygie, déesse de la santé. Sur les façades de droite et de gauche, deux vases en ronde-bosse sont ornés de sujets mythologiques.

Sur la face postérieure, une porte basse, surmontée d'une fenêtre, donne accès dans l'intérieur du monument, qui a été élevé en 1806, par ordre du gouvernement impérial.

ÉTAT DES TRAVAUX D'ART.

DATES DES COMMANDES	ARTISTES	SUJETS	DIMENSIONS	PRIX ALLOUÉS Travaux d'art	PRIX ALLOUÉS Travaux accessoires
1806	BEAUVALLET, sculpteur; — élève de Pajou; — administrateur des travaux publics, sous la Convention; — grande méd., 1810; — membre de l'Institut. — Mort en 1816.	Bas-relief placé sur la face principale de la fontaine et représentant le dieu Mars et Hygie, déesse de la santé.	H. 3m. L. 0m,70	»	»
	AUTEUR INCONNU.	Animaux marins sculptés en bas-reliefs aux quatre angles du stylobate.	H. 0m,65	»	»
	AUTEUR INCONNU.	Deux vases sculptés sur les faces de droite et de gauche du monument.	H. 2m,50 L. 0m,20	»	»

BASSIN LAMOTHE-PIQUET

NOTICE HISTORIQUE.

C'est un simple bassin circulaire, construit en 1866, qui est placé au milieu d'une pelouse, à la rencontre de l'avenue Latour-Maubourg et de la rue de Grenelle-Saint-Germain. Au centre de ce bassin, l'eau s'échappe en gerbe d'une touffe de roseaux en fonte de fer.

FONTAINE DE L'ÉGYPTIENNE

NOTICE HISTORIQUE.

Cette fontaine, élevée en 1806, sur les dessins de BRALLE[1], est adossée au mur de l'hôpital temporaire de la rue de Sèvres. Elle est en pierre et présente l'aspect d'une porte de temple égyptien dont la baie sert de niche à une statue également en pierre, qui tient de chaque main un vase incliné d'où l'eau s'échappe dans un bassin demi-circulaire adossé à la base du piédestal. Le trop plein de ce réservoir s'écoule par un mascaron en bronze à tête de lion.

La statue qui décore la niche a été exécutée en 1844 par GECHTER, d'après la copie en pierre, faite par BEAUVALET, d'une figure originale en marbre pentélique représentant Antinoüs sous les traits d'une divinité égyptienne et qui a été découverte, en 1738, à Tivoli, dans la villa Adriana.

L'ensemble du monument mesure $3^m,40$ de largeur sur $5^m,20$ de hauteur.

ÉTAT DES TRAVAUX D'ART.

DATES DES COMMANDES	ARTISTES	SUJETS	DIMENSIONS	PRIX ALLOUÉS	
				Travaux d'art	Travaux accessoires
1806	BEAUVALLET, sculpteur, élève de Pajou; — administrateur des travaux publics sous la Convention; — grande médaille, 1810; — membre de l'Institut. — Mort en 1816.	Copie en pierre d'une figure d'Antinoüs en divinité égyptienne debout dans la niche centrale.			
1844	GECHTER (Jean-François-Théodore), sculpteur, né à Paris, en 1796; — élève de Bosio. — Mort en 1844.	Nouvelle statue en pierre copiée d'après la statue exécutée par Beauvallet, en 1806.	H. $2^m,30$	3,000	»

[1] Voir page 7.

FONTAINES PUBLIQUES

VIIIe ARRONDISSEMENT

VIIIe ARRONDISSEMENT

FONTAINE DU CIRQUE

NOTICE HISTORIQUE.

Cette fontaine est située dans le carré du Cirque, aux Champs-Élysées. Au milieu d'un bassin circulaire de 6 mètres de diamètre, en pierres de taille, entouré de gazon, s'élève un piédestal à pans coupés, sur lequel est placée une vasque en fonte, ornée de gaudrons, palmettes, feuilles d'eau et de douze têtes de lion d'où l'eau s'échappe dans le grand bassin. Cette vasque est surmontée d'un socle de roseaux supportant quatre enfants personnifiant les Quatre Saisons et groupés autour du piédouche d'une vasque semblable, mais plus petite, d'où l'eau jaillit et retombe dans le réservoir inférieur par des têtes de lions et de sangliers.

ÉTAT DES TRAVAUX D'ART.

DATES DES COMMANDES	ARTISTES	SUJETS	DIMENSIONS	PRIX ALLOUÉS	
				Travaux d'art	Travaux accessoires
1840	BARRE (Jean-Auguste), né à Paris en 1811; — élève de Cotet; — méd. 2e cl., 1834; — 1re cl., 1840; — ✱, 1852.	*Quatre Enfants* personnifiant les Quatre Saisons, groupés autour du piédouche qui surmonte la grande vasque.	H. 1m,60	4,000	»

FONTAINE DE L'ÉLYSÉE

NOTICE HISTORIQUE.

Elle est également située aux Champs-Élysées, près de l'avenue Marigny, en face des jardins de l'Élysée. Elle se compose, comme la fontaine du Cirque, d'un bassin circulaire, entouré de gazon, d'où s'élève une vasque en fonte décorée de gaudrons, palmettes, feuilles d'eau et têtes de lions. Du milieu de cette vasque, que supporte un piédestal en fonte, à pans coupés, s'échappe un jet d'eau qui retombe en pluie dans le bassin inférieur.

FONTAINES DU CARRÉ MARIGNY

NOTICE HISTORIQUE.

Cette fontaine, située aux Champs-Élysées, entre le pavillon de l'Horloge et le restaurant Ledoyen, présente non-seulement les mêmes dimensions du bassin, mais aussi la même décoration du piédouche et de la vasque que les autres fontaines des Champs-Élysées qui, toutes, ont été édifiées sur un modèle à peu près uniforme, d'après les dessins de HITTORFF [1].

Au-dessus de la vasque, une figure de Diane, en fonte de fer, sort d'une touffe de roseaux qui lui sert de piédestal et d'où l'eau jaillit en gerbes par douze orifices.

ÉTAT DES TRAVAUX D'ART.

DATES DES COMMANDES	ARTISTES	SUJETS	DIMENSIONS	PRIX ALLOUÉS	
				Travaux d'art	Travaux accessoires
1840	DESPREZ (Louis), sculpteur, né à Paris en 1799, élève de Bosio ; — 2e grand prix de Rome en 1822 ; — 1er grand prix en 1826 ; — ✻ en 1851. — Mort en 1871.	*Diane au milieu des roseaux*, modèle d'une figure en fonte dominant la vasque de la fontaine.	H. 3m,25	3,400	»
1840	HOËGLER, sculpteur.	Exécution d'un modèle réduit de la fontaine.	. . .	»	200

[1] HITTORFF (Jacques-Ignace), architecte, né à Cologne, naturalisé français; — ✻, 1825; — médaille de 2e classe, 1827 ; — médaille de 1re classe, 1831 ; — membre de l'Institut, 1853 ; — O. ✻, 1855. — Mort en 1867.

FONTAINE DES AMBASSADEURS

NOTICE HISTORIQUE.

La description précédente s'applique également à la fontaine des Ambassadeurs, située dans les Champs-Élysées, à côté du café des Ambassadeurs. Seulement, la vasque est surmontée d'une Vénus, en fonte de fer, sortant d'une touffe de roseaux qui lui sert de piédestal.

ÉTAT DES TRAVAUX D'ART.

DATES DES COMMANDES	ARTISTES	SUJETS	DIMENSIONS	PRIX ALLOUÉS Travaux d'art	PRIX ALLOUÉS Travaux accessoires
1840	DURET (Francisque-Joseph), sculpteur, né à Paris en 1804; — élève de Bosio; — grand prix de Rome en 1823; — méd. 1re classe, 1831; — ✱, 1836; — O. ✱, 1841; — membre de l'Institut, 1838; — grande médaille d'honneur, 1855. — Mort en 1865.	*Vénus au milieu des roseaux*, modèle d'une figure en fonte dominant la vasque de la fontaine.	H. 3m,25	3,400	»
1840	HOËGLER, sculpteur-ornemaniste.	Exécution d'un modèle réduit de la fontaine.	. . .	»	200

BASSIN DE SAINT-AUGUSTIN

NOTICE HISTORIQUE.

Ce bassin, d'où l'eau s'échappe par deux touffes de roseaux en fonte de fer, a été construit en 1866. Il est de forme oblongue, entouré d'une plate-bande de gazon clôturée par une petite grille, et occupe le milieu d'un refuge établi devant l'église Saint-Augustin.

La dépense d'installation de ce bassin, qui mesure 22 mètres de longueur, s'est élevée à 34,986 fr. 55 c.

FONTAINE DE LABORDE

NOTICE HISTORIQUE.

La fontaine dont il s'agit ici, située dans le square Laborde et entourée d'une plate-bande de verdure, comprend un bassin élevé de 0m,65 au-dessus du sol et ayant la forme d'un carré se raccordant aux quatre angles avec des avant-corps rectangulaires. Au milieu, un piédestal à pans coupés, décoré sur deux faces du vaisseau de la Ville de Paris, et dont la troisième face porte la date de la construction (1852), supporte une vasque octogonale, en fonte, ornée de culs-de-lampe, fleurons et dauphins. Une coquille de même métal, d'où l'eau jaillit et qui surmonte un piédouche en forme de balustre, termine l'ensemble de cette fontaine. L'eau s'échappe également de quatre bornes en pierre, ornées de têtes de lions, et qui sont adossées au piédestal de la première vasque.

BASSIN FRANÇOIS IER

NOTICE HISTORIQUE.

Ce bassin, qui occupe le milieu de la place François Ier, est de forme circulaire et exhaussé au-dessus du trottoir par une plate-bande de fleurs entourée d'une grille à hauteur d'appui. Il mesure 7 mètres de diamètre, et au milieu l'eau s'échappe d'une touffe de roseaux en fonte de fer.

BASSINS DU PALAIS DE L'INDUSTRIE

NOTICE HISTORIQUE.

Ce sont deux bassins rectangulaires, en pierres de taille, se raccordant à deux de leurs extrémités à des demi-cercles. Des plates-bandes de gazon et de fleurs et une grille entourent ces deux bassins qui mesurent, chacun, 12 mètres de longueur et sont situés devant la façade du palais de l'Industrie, aux Champs-Élysées, à droite et à gauche de la porte monumentale donnant accès dans cet édifice.

BASSINS DU ROND-POINT

NOTICE HISTORIQUE.

Le rond-point des Champs-Élysées, qui était autrefois orné d'un bassin central enlevé en 1863, a été décoré, à cette époque, de six bassins triangulaires en pierres de taille.

Ces bassins, du milieu desquels l'eau s'échappe en gerbe d'une touffe de roseaux en fonte de fer, mesurent chacun 10 mètres de diamètre et occupent le milieu des six pelouses séparant les différentes voies qui aboutissent à cette vaste place.

FONTAINES DE LA MADELEINE

NOTICE HISTORIQUE.

Ces deux fontaines, situées dans les deux angles rentrants de la place de la Madeleine, sont construites d'après le même modèle et sur les dessins de M. Davioud[1]. Au milieu d'un premier bassin circulaire, dont la bordure en pierre, entourée d'une plate-bande de fleurs et d'une petite grille, est au niveau du trottoir, un piédouche entouré de quatre griffons assis, à têtes de lions, supporte une corbeille à quatre lobes ornée d'une galerie à jour et de douze petites têtes de lions lançant l'eau dans le bassin. Du centre de cette corbeille garnie de fleurs, s'élève une sorte de cornet décoré de bagues et de quatre masques à figures de femmes reliés entre eux par des colliers de perles. Ce vase reçoit dans sa partie supérieure, qui est découpée à jour, une touffe de plantes d'où sort un lampadaire en bronze orné de fleurs de lotus.

Ces édicules qui, à l'exception du bassin, sont entièrement en marbre, ont été établis en 1865. Ils ont coûté 70,766 francs.

FONTAINES DE LA PLACE DE LA CONCORDE

NOTICE HISTORIQUE.

C'est à Hittorff que l'on doit les dessins de ces deux fontaines, construites de 1836 à 1846, et qui, bien que présentant un aspect uniforme, diffèrent par le choix des statues qui les décorent.

Ces fontaines sont situées à droite et à gauche de l'obélisque de Luxor, dans l'axe du pont de la Concorde et de la rue Royale. La plus rapprochée de cette rue est dédiée aux fleuves; celle qui est située au sud de la place marque l'endroit où Louis XVI périt sur l'échafaud, le 21 janvier 1793. Elle est dédiée aux mers.

Au milieu d'un bassin circulaire en pierre, décoré de caissons et divisé dans sa circonférence par douze piédestaux surmontés d'amortissements à pomme de pin en

[1] Voir page 4.

bronze, s'élève un piédouche supportant une vasque en fonte ornée de gaudrons, feuilles d'eau et palmettes. Six figures assises sur un socle hexagonal et dont les pieds reposent sur des proues de navires, sont adossées à ce piédouche et séparées par des dauphins lançant de l'eau. Autour de ce motif central, six figures de tritons et de néréides émergent du bassin. Elles tiennent chacune un poisson qui rejette également l'eau.

Un deuxième piédouche, autour duquel sont groupés des cygnes lançant de l'eau et trois génies symboliques, domine la vasque et supporte une calotte en fonte d'où jaillit une gerbe d'eau qui retombe en cascade dans les bassins inférieurs.

ÉTAT DES TRAVAUX D'ART.

DATES DES COMMANDES	ARTISTES	SUJETS	DIMENSIONS	PRIX ALLOUÉS Travaux d'art.	Travaux accessoires
		FONTAINE NORD, DÉDIÉE AUX FLEUVES.			
1839	GECHTER (Jean-Franç.-Théodore) sculpteur, né à Paris, en 1796; — élève de Bosio. — Mort en 1844.	*Le Rhône*, figure en bronze adossée au piédouche inférieur (modèle).	H. 3m,00	2,400	»
		Le Rhin, id.	Id.	2,400	»
1838	HUSSON (Jean-Honoré-Aristide), sculpteur, né à Paris en 1803; — élève de David d'Angers, 1823; — 2e prix de Rome, 1827; — 1er prix de Rome, 1830. — Mort en 1864.	*La Moisson*, id.	Id.	2,400	»
		La Vendange, id.	Id.	2,400	»
1839	LANNO (François-Gaspard-Aimé), sculpteur, né à Rennes (Ille-et-Vilaine), élève de Cartellier; — grand prix de Rome, 1827; — méd. 2e cl., 1843; — méd. 3e cl., 1855; — ✻, 1855. — Mort en 1871.	*La Récolte des fleurs*, id.	Id.	2,400	»
		La Récolte des fruits, id.	Id.	2,400	»
1838	FEUCHÈRES (Jean-Jacques), sculpteur, né à Paris en 1807; — élève de Corto et de Ramey; — méd. 2e cl., 1834; — ✻, 1836. — Mort en 1852.	*La Navigation fluviale*, figure en bronze adossée au piédouche supérieur (mod.)	H. 1m,33	3,600	»
		L'Agriculture, id.	Id.		
		L'Industrie, id.	Id.		
		A reporter.......		18,000	»

DATES DES COMMANDES	ARTISTES	SUJETS	DIMENSIONS	PRIX ALLOUÉS Travaux d'art.	Travaux accessoires.
		Report	. . . .	18,000	»
	FONTAINE SUD, DÉDIÉE AUX MERS.				
1838	**DEBAY** (Auguste-Hyacinthe), sculpteur, né à Nantes (Loire-Inférieure) en 1804; — élève de Gros et de Debay père; — 1er grand prix de Rome (histoire) 1823; — méd. 3e cl., 1819; — méd. de 1re cl., 1831; — méd. 1re cl., 1855; — rapp., 1851; — ✱, 1861. — Mort en 1865.	*L'Océan*, figure en bronze adossée au piédouche inférieur (modèle).	H. 3m,00	2,400	»
		La Méditerranée, id.	Id.	2,400	»
1839	**VALLOIS** (Achille-Joseph-Étienne), sculpteur, né à Paris en 1785; — élève de Louis David et de Chaudet; — 2e grand prix de Rome, 1808; — ✱, 1816; — méd. d'or, 1817. — Mort en 1862.	*La Pêche des Perles*, id.	Id.	2,400	»
		La Pêche des Coquillages id.	Id.	2,400	»
1839	**DESBŒUFS** (Antoine), sculpteur et graveur en médailles, né à Paris en 1793; — élève de Cartellier; — grand prix de Rome pour la gravure, 1814; — 2e méd. de sculpture, 1833; — 1re méd., 1843; — ✱, 1851. — Mort en 1862.	*La Pêche des Poissons*, id.	Id.	2,400	»
		La Pêche des Coraux, id.	Id.	2,400	»
1839	**BRION** (Isidore-Hippolyte), sculpteur, né à Paris en 1799; — élève de Bosio; — méd. 2e cl., 1819 et 1857; — ✱, 1863. — Mort en 1863.	*L'Astronomie*, figure en bronze adossée au piédouche supérieur (modèle).	H. 1m,33	3,600	»
		Le Commerce, id.	Id.		
		La Navigation maritime, id.	Id.		
1838	**MOINE** (Antoine), peintre et sculpteur, né à Saint-Etienne (Loire) en 1797. — Mort en 1849.	*Un Triton, une Néréide*, figures en bronze placées dans le bassin inférieur de chacune des fontaines (trois tritons et trois néréides pour chaque bassin) (modèle).	H. 2m,50	1,500	»
Id.	**ELSHOECHT** (Jean-Marie-Jacques, dit Karl), sculpteur, né à Bergues (Nord) en 1791; — élève de Bosio. — Mort en 1856.	*Id.* id.	Id.	1,500	»
Id.	**MERLIEUX** (Louis-Parfait), sculpteur, né à Paris en 1796; — élève de Roman et de Cartelier.	*Id.* id.	Id.	1,500	»
Id.	HŒGLER, sculpt.-ornem.	Exécution des modèles des deux fontaines et sculpture d'ornement.		» »	2,800 25,000
		TOTAUX.		40,500	27,800

MAIRIES DE LA VILLE DE PARIS

MAIRIE DU Ier ARRONDISSEMENT

La mairie du Ier arrondissement, construite de 1857 à 1859, d'après les dessins de M. Hittorff[1], dans le style de la renaissance italienne, est située, en façade, sur la place du Louvre, et en retour sur la rue Perrault et la cour du presbytère de Saint-Germain-l'Auxerrois.

Ces trois corps de bâtiment forment, avec une quatrième face à mur plein décoré de pilastres et de fausses baies, une cour intérieure à portique, du côté de la façade.

Le caractère particulier de cet édifice consiste dans la disposition de sa façade, qui fait symétrie à celle de l'église Saint-Germain-l'Auxerrois, placée sur la même ligne de l'autre côté de la tour du beffroi.

La partie centrale se compose d'un rez-de-chaussée et d'un premier étage; les deux ailes comprennent un rez-de-chaussée, un entresol, un premier étage et un étage de combles.

Dans l'axe, un avant-corps forme un porche à jour, composé de cinq travées à arcades, avec colonnes engagées d'ordre ionique et entablement ressautant surmonté d'une terrasse avec balustrade.

Au-dessus de cette terrasse, cinq ouvertures à arcades composent le soubassement d'une grande baie plein-cintre à meneaux, en forme de rosace, qui occupe toute la hauteur du premier étage. Cette rosace est encadrée de deux tourelles carrées, décorées de pilastres corinthiens et de niches ornées contenant deux statues. Elle est couronnée d'une corniche à balustrade, surmontée d'un pignon qui lui-même est terminé par une statue de la Loi. Ce pignon est orné d'un motif décoratif comprenant une rose et trois fenêtres.

De chaque côté de ce motif central, sur la façade et en retour à droite et à gauche, des fenêtres à arcades, décorées de chambranles sculptés, sont séparées par des pilastres d'ordre ionique au rez-de-chaussée, et corinthien au premier étage.

L'étage du comble est éclairé par des lucarnes en pierre avec fronton.

Le porche, dont il a été parlé, donne accès au vestibule qui est décoré de deux ordres superposés, ionique et corinthien, supportant un plafond à compartiments.

Au-dessus de ce vestibule, dans la hauteur du premier étage, se trouve la salle des Mariages, de forme rectangulaire, recouverte d'une voûte d'arêtes à caissons ornés. A chacune de ses extrémités est établie une porte à arcade, encadrée de colonnes engagées d'ordre ionique, qui soutiennent un fronton triangulaire dont le tympan renferme les tables de la loi. Ce couronnement est lui-même surmonté d'un motif à fronton circulaire avec les armes de la Ville.

Dans le milieu de la longueur de la salle, en face de la grande rosace de façade qui l'éclaire, une cheminée en pierre porte un cadran d'horloge surmonté d'une

---

[1] Hittorff (Jacques-Ignace), architecte, né à Cologne, naturalisé Français ; — ✻, 1825 ; — médailles de 2e classe, 1827 ; — 1re classe, 1831 ; — membre de l'Institut, 1853 ; — O. ✻, 1855. — Mort en 1867.

console formant saillie sur un cadre ovale; de chaque côté, deux cariatides soutiennent un fronton triangulaire à palmettes. Au-dessus est un deuxième motif composé de gaînes et pilastres couronnés d'un fronton circulaire coupé, présentant les armes impériales.

La salle de la Justice de paix, située au premier étage, sur la rue Perrault, forme un carré, terminé d'un côté par une partie polygonale. Le plafond, à faces inclinées, est décoré de pilastres et caissons.

ÉTAT DES TRAVAUX D'ART.

DATES DES COMMANDES	ARTISTES	SUJETS	DIMENSIONS	PRIX ALLOUÉS Travaux d'art	Travaux accessoires
1861	ISELIN (Henri-Frédéric), sculpteur, né à Clairegoutte (Haute-Saône) en 1826; — élève de Rude; — Méd. 3e cl., 1852 et 1855 (E. U); — rapp., 1857; — méd. 2e cl., 1861; — rapp., 1863; — ✻, 1863.	*Jean Goujon*, buste en marbre, dans le vestibule de la salle des Mariages. *Commandé par le ministère des Beaux-Arts et exposé au Salon de 1851.*	H. 0 m.83 L. 0 m.70	»	»
1861	KLAGMANN (Jean-Baptiste-Jules), sculpteur, né à Paris; — ✻, 1853. — Mort en 1867.	*Deux Cariatides* en pierre, placées à droite et à gauche de la cheminée, dans la salle des Mariages et supportant un fronton décoré.	H. 2 m.60	7.500	»
1861	MILLET (Aimé), sculpteur, né à Paris en 1816; — élève de son père et de David d'Angers; — méd. 1re cl., 1857; — ✻, 1859; — méd. 1re cl. 1867 (E. U.); — O. ✻, 1870.	*La Justice*, figure en pierre placée dans la niche de la tourelle à droite de la rosace qui décore la façade.	H. 1 m.45	3.000	»
1861	TRAVAUX (Pierre), sculpteur, né à Corsaint (Côte-d'Or); — élève de Jouffroy; — méd. 3e cl., 1853 et 1855; — rapp., 1857, 1859, 1861. — Mort en 1870.	*La Bienfaisance*, figure en pierre placée dans la niche de la tourelle à gauche de cette rosace.	H. 1 m.45	3.000	»
1861	CRAUCK (Gust.-Adolphe. Désiré), sculpteur, né à Valenciennes (Nord); — élève de Pradier; — prix de Rome, 1851; — méd. 3e cl., 1857; — 2e cl., 1859; — 1re cl., 1861; — rapp., 1863; — ✻, 1864; — méd. 1re cl., 1867 (E. U.)	*La Loi*, figure debout en pierre qui surmonte le pignon de la façade.	H. 2 m.50	7.000	»
1861	OLIVA (Alexandre-Joseph), sculpteur, né à Saillegouse (Pyrénées-orientales) en 1823; — élève de J.-B. Delestre; — méd. 3e cl., 1852 et 1855; — rapp., 1857 et 1859; — 2e cl., 1861; — rapp., 1863; — ✻, 1867.	*Buste en marbre de Napoléon III*, destiné à la cheminée de la salle des Mariages. *Aujourd'hui dans les magasins de la Mairie.*	....	5,000	»
		TOTAL.	....	25,500	»

MAIRIE DU IIe ARRONDISSEMENT

La mairie du IIe arrondissement a été construite en 1846 et 1847, sous la direction de M. Alphonse Girard [1], architecte, qui s'est inspiré, notamment pour les détails de la façade, du style grec.

Elle se compose d'un corps de bâtiment sur la rue de la Banque et de deux ailes en retour sur une cour intérieure, dont l'église des Petits-Pères forme le fond.

La partie centrale de l'édifice contient un rez-de-chaussée et un premier étage qui se trouve divisé en deux dans les autres parties du monument.

La façade, sur la rue de la Banque, est formée de neuf travées percées de baies à arcades simples au rez-de-chaussée, et à arcades séparées par des pilastres aux étages supérieurs. Deux avant-corps, aux extrémités, limitent et épaulent cette ordonnance. La partie centrale est surmontée d'un campanile avec horloge.

A la hauteur des appuis des trois grandes fenêtres, au milieu du premier étage, des sculptures, exécutées en creux suivant le mode égyptien, symbolisaient les divers actes de la vie civile. Des travaux récemment entrepris à la mairie, et qui sont actuellement en cours d'exécution, ont nécessité l'enlèvement de ces motifs décoratifs. La façade de la mairie du IIe arrondissement, qui est d'un style sobre, est ornée de l'écusson aux armes de la Ville de Paris.

ÉTAT DES TRAVAUX D'ART.

DATES DES COMMANDES	ARTISTES	SUJETS	DIMENSIONS	PRIX ALLOUÉS Travaux d'art	Travaux accessoires
	AUTEUR INCONNU.	*Buste en bronze de M. Rousseau*, ancien maire du 3e arrondissement, placé dans le cabinet du maire.	H. 0m,60	»	»
1855	LEQUIEN (Justin-Marie), sculpteur, né à Paris; — élève de Devaulx; — ✻, 1863.	*La Charité*, figure en plâtre, placée dans le cabinet du maire.	H. 1m,00	»	»

[1] Girard (Alphonse), architecte, né à Montigny (Seine-et-Oise); — ✻, 1858. — Mort vers 1865.

MAIRIE DU IIIE ARRONDISSEMENT

La mairie du IIIe arrondissement occupe une surface de 3,136 mètres (dont 1,952 couverts), comprise entre les rues Molay, de Bretagne, Cafarelli et Perrée. La façade regarde le square du Temple.

Les travaux, commencés en 1864, par M. CALLIAT [1], ont été terminés en 1872 par M. Eugène CHAT [2], architecte de la Ville de Paris.

L'édifice se compose de trois corps de bâtiments principaux se coupant à angle droit, dont l'ensemble affecte la forme d'une H, et qui dégagent entre eux deux cours d'isolement, l'une sur le square et l'autre sur la rue Cafarelli. Quatre autres corps de bâtiments secondaires, moins élevés, adossés au bâtiment principal, occupent les quatre angles de l'emplacement. Les intervalles qui les séparent sont disposés en jardins.

Au centre de l'aile transversale, formant façade, un pavillon en avant-corps présente une descente à couvert. Il contient le vestibule principal et l'escalier d'honneur. Ce point central est mis en communication avec les deux ailes perpendiculaires au moyen d'un portique éclairé sur les deux cours et qui dessert les bureaux ainsi que la Justice de paix, située dans l'aile droite. Cette galerie se retrouve au premier étage qui comprend, dans l'aile gauche, la salle des Mariages avec les cabinets du maire et des adjoints, et dans l'aile droite, des salons de réception.

Le vestibule et l'escalier sont décorés de pilastres et de colonnes en pierre polie de l'Échaillon, supportant une corniche à consoles et une voûte en arc-de-cloître avec lanterne en verre dépoli. Cette voûte repose sur une sorte d'attique ornementé de sculptures diverses, d'écussons aux armes de la Ville et d'attributs industriels et commerciaux. Elle est décorée elle-même de caissons avec bas-reliefs en pierre représentant les différents actes de la vie civile.

La salle des Mariages est ornée de rinceaux peints sur les murs et de corniches, avec un plafond à trois compartiments. A l'une des extrémités se trouve une cheminée en pierre surmontée d'un motif d'architecture encadrant une horloge. Sur la face opposée, derrière le fauteuil du maire, un motif analogue contient un tableau représentant la Loi.

La salle des Fêtes est une vaste pièce de forme oblongue, terminée à l'une de ses extrémités par un hémicycle présentant une cheminée monumentale, surmontée d'un tableau symbolique de la Charité encadré par un motif d'architecture. L'autre

[1] CALLIAT (Victor), architecte, né à Paris; — ✻, 1847.

[2] CHAT (Sulpice-Eugène-Alexandre), architecte, né à Paris; — élève de l'École des beaux-arts.

extrémité de cette salle est limitée par une face droite formant loge dans sa partie supérieure. L'ornementation du plafond rappelle le style mauresque.

La décoration des façades est formée de deux ordonnances, l'une dorique au rez-de-chaussée et à l'entresol, l'autre ionique au premier étage.

Au rez-de-chaussée, les fenêtres, sur la cour d'honneur, sont à arcades séparées par des pilastres. Sur les autres points, les portes et fenêtres, de formes variées, à plate-bandes ou terminées en arcs, sont séparées par de simples trumeaux. Au premier étage, les baies sont couronnées de frontons ; l'étage du comble est éclairé par des lucarnes en pierre à frontons.

Le pavillon central, orné de colonnes engagées, est percé au rez-de-chaussée d'une arcade à jour sur chacune des trois faces de son avant-corps, et au premier étage de trois fenêtres à frontons. Celle du milieu est accompagnée d'un balcon en fer forgé.

Au-dessus de la corniche, une balustrade d'attique avec vases ; au centre, un motif architectural, se détachant sur la toiture, contient un cadran d'horloge avec consoles et pilastres et soutenant un fronton circulaire sur lequel sont assises deux figures en pierre, représentant le Commerce et l'Industrie.

ÉTAT DES TRAVAUX D'ART.

DATES DES COMMANDES	ARTISTES	SUJETS	DIMENSIONS	PRIX ALLOUÉS	
				Travaux d'art	Travaux accessoires
1866	**PASCAL** (Ernest), sculpteur; — élève de son père.	*Le Commerce et l'Industrie*, figures assises en pierre, placées sur le fronton de la façade du pavillon central, au-dessus de l'horloge.	H. 1^m,00 L. 2^m,00	7.115	»
1866	**LAGRANGE** (Jean), sculpteur, né à Lyon; — élève de Vibert et de H. Flandrin; — prix de Rome (gravure en médailles), 1860; — méd. 3e cl., 1874.	*La Naissance, le Mariage, le Vote* et *la Mort*, bas-reliefs dans la voûte de l'escalier principal.	Diamètre des caissons 2^m,00	6.000	»
1866	**BARRIAS** (Félix-Joseph), peintre, né à Paris; — élève de L. Cogniet; — prix de Rome, 1844; — méd. 3e cl., 1847; — 1re cl., 1851; — 2e cl., 1855 (E. U.); — ✱, 1859.	*La Charité*, tableau placé au-dessus de la cheminée, dans la salle des Fêtes.	H. 2^m,20 L. 1^m,17	600	124
1866	**JOUY** (Joseph-Nicolas), peintre, né à Paris; — élève de Ingres; — méd. 3e cl., 1834; — 2e cl. 1835; — 1re cl., 1839.	Reproduction du portrait de Napoléon III, par Hippolyte Flandrin. Tableau remplacé dans la salle des Mariages par celui de M. Sirouy. (*Déposé dans les magasins de la Ville.*)	H. 2^m,10 L. 1^m,23	1.500	»
		A reporter..........		15.215	124

DATES DES COMMANDES	ARTISTES	SUJETS	DIMENSIONS	PRIX ALLOUÉS	
				Travaux d'art	Travaux accessoires
		Report....	....	15.215	124
1868	LEROUX (Frédéric-Etienne), sculpteur, né à Ecouché (Orne); — élève de Jouffroy; — méd. 1866, 1867 et 1870.	Buste en marbre de l'impératrice Eugénie, autrefois dans la salle des Mariages. *(En magasin.)*	Grandeur nature	3.000	»
1873	SIROUY (Achille), peintre, né à Beauvais; — méd., 3e cl. (lithographie), 1859; — rapp., 1861 et 1863; — ✻, 1869.	*La Loi*, tableau placé dans un motif d'architecture qui décore la salle des Mariages. *Commandé pour remplacer le tableau de M. Jouy.*	H. 2m,10 L. 1m,23	1.500	300
		TOTAUX.......		19.715	424

MAIRIE DU IVE ARRONDISSEMENT

NOTICE HISTORIQUE.

La mairie du IVe arrondissement, construite de 1862 à 1867, d'après les dessins et sous la direction de M. BAILLY[1], dans le style du XIXe siècle (renaissance grecque), est située sur un îlot de terrain délimité par la place Saint-Jean, les rues de Rivoli, Vieille-du-Temple et Saint-Antoine. Elle est de forme trapézoïdale, avec quatre corps de bâtiments renfermant une cour centrale rectangulaire, dans laquelle s'avance un pavillon contenant le grand escalier. Autour de cette cour règne une galerie desservant toutes les pièces de la mairie, et dont l'architecture se compose de deux étages d'arcades décorées d'archivoltes et séparées par des pilastres.

La façade principale, sur la place Saint-Jean, présente un motif central formé de trois travées à arcades dans les deux étages, et séparées par des colonnes engagées et accouplées, d'ordre dorique au rez-de-chaussée, et d'ordre composite au premier étage. Au-dessus de la travée du milieu règne un attique contenant une horloge et terminé par un fronton circulaire dans le tympan duquel sont sculptées les armes de la Ville entourées de rinceaux. De chaque côté, deux grandes volutes forment raccordement avec les deux travées correspondantes. A droite et à gauche du motif principal, dans les ailes qui renferment quatre étages au lieu de deux, la façade présente quatre travées de fenêtres rectangulaires séparées, au premier étage, par des pilastres. Une corniche à modillons forme le couronnement de cette façade. Elle est surmontée de lucarnes en plomb, ménagées dans le comble en ardoises qui termine l'édifice.

La façade, sur la rue de Rivoli, se compose de trois avant-corps formant pavillons, l'un au centre, les deux autres aux extrémités. Ils sont séparés entre eux par quatre travées de fenêtres rectangulaires. Les deux pavillons d'angle présentent une travée décorée de pilastres ornés de bossages. Celui du milieu est percé, dans la hauteur du rez-de-chaussée et de l'entresol, d'une grande ouverture à meneaux, encadrée par

[1] BAILLY (Antoine-Nicolas), architecte, né à Paris; — ✻, 1853; — O. ✻, 1868; — membre de l'Institut, 1875; — Inspecteur général honoraire d'architecture.

deux motifs de pilastres qui renferment deux boucliers entourés de lauriers et ornés, l'un des Tables de la Loi, l'autre des Balances de Justice. Ce pavillon est percé de quatre fenêtres rectangulaires au premier et au deuxième étage, avec corniche de couronnement supportant, au centre, les armes de la Ville, et aux extrémités, deux frontons circulaires coupés renfermant chacun une tête de femme dans une palmette avec le millésime « 1866 ».

Sur la rue Vieille-du-Temple, la façade présente la même ordonnance de pilastres au rez-de-chaussée et au premier étage. Elle est formée de onze travées. Les deux travées d'extrémité sont pleines et les autres sont percées de doubles fenêtres au rez-de-chaussée et à l'entresol, et au premier étage, de grandes fenêtres à meneaux qui éclairent la salle des Fêtes. Une porte d'entrée rectangulaire, avec clef ornée de rinceaux et de feuillage, est ménagée dans la travée du milieu.

La façade, sur la rue Saint-Antoine, comprend quinze travées de fenêtres et présente également trois avant-corps formant pavillons. L'ordonnance de cette façade rappelle celle de la rue de Rivoli. L'avant-corps central est percé d'une porte rectangulaire.

Les trois grandes baies à arcades, pratiquées dans la façade de la place Saint-Jean, donnent accès dans la mairie. Celle du milieu s'ouvre sur un vestibule qui précède le grand escalier d'honneur, à triple révolution. Ce vestibule est décoré de pilastres doriques et de quatre colonnes d'ordre composite qui supportent les soffites d'un plafond à compartiments. Le plafond à voussures de l'escalier est orné, aux quatre angles, d'écussons aux armes de la Ville. Cet escalier aboutit aux vestibules des différents bureaux qui se trouvent au premier étage, et sur la façade, à la salle des Mariages, dont les murailles peintes en violet-clair, deux tons, rehaussés d'ornements, sont décorées de pilastres cannelés supportant un plafond à caissons. Au-dessus de la place occupée par l'officier de l'état-civil pendant la célébration des mariages, est disposé un cadre orné de sculptures et couronné d'un fronton circulaire. Vis-à-vis se trouve un motif semblable surmontant une cheminée en pierre de liais, décorée d'un cadran d'horloge et d'une tête de femme sculptée en ronde-bosse. Ces deux cadres, ainsi que le plafond, doivent recevoir une décoration picturale, dont l'exécution est confiée à M. Cormon.

Au fond et dans toute la longueur de l'édifice (côté de la rue Vieille-du-Temple), se trouve une grande salle de 38 mètres de longueur sur 10 mètres de largeur et 7m,50 de hauteur, qui se termine, d'un côté, en hémicycle. Elle est réservée aux réunions publiques et aux fêtes. Le bas des murailles de cette salle est revêtu de lambris en bois de chêne. Les frontons des portes sont ornés de cartouches sculptés représentant l'écusson de la Ville de Paris. Les murailles, ainsi que l'hémicycle, sont décorées de panneaux destinés à recevoir des peintures d'histoire, et que séparent des pilastres à forte saillie supportant les soffites du plafond à caissons.

Cette mairie, dont la construction a entraîné une dépense totale de 1 million 659,447 francs, a été en partie incendiée pendant l'insurrection de 1871. La charpente en fer des combles et des planchers a permis de sauver cet édifice d'une ruine complète; mais le feu a détruit la salle des Fêtes qui renfermait un magnifique plafond en menuiserie, des boiseries en chêne fort belles, ainsi qu'une tapisserie d'Aubusson, exécutée par la maison Sallandrouze, d'après les cartons de M. MAZEROLLES, et qui avait été primitivement destinée à la salle du trône dans l'Hôtel-de-Ville. Une somme de 361,786 francs a été dépensée pour remettre en état les locaux incendiés.

ÉTAT DES TRAVAUX D'ART.

DATES DES COMMANDES	ARTISTES	SUJETS	DIMENSIONS	PRIX ALLOUÉS travaux d'art	PRIX ALLOUÉS travaux accessoires
1877	CORMON (Fernand), né à Paris ; — élève de Cabanel, Portaëls et Fromentin ; — méd., 1870 ; — 2e cl., 1873 ; — prix du salon, 1875 ; — (H. C.).	Décoration du plafond de la salle des Mariages. Sujets allégoriques au centre du plafond. Deux panneaux décoratifs de même dimension.	L. 5 m.40 L. 2 m.85 L. 2 m.50 L. 1 m.50	18,000	1,000

www.ingramcontent.com/pod-product-compliance
Ingram Content Group UK Ltd.
Pitfield, Milton Keynes, MK11 3LW, UK
UKHW031929260826
14628UKWH00003B/1500

9 782019 481223